자이언트

지은이 황민재

1934년 전남 신안군 증도면 출생.
30여 년간 전문 건설회사 운영.
나에게는 퇴로가 없었다. 전쟁으로 부모도 재산도 잃은 나는 그저 주어진 삶을 묵묵히 살아낼 수밖에 없었다. 내 글은 누군가에게 말할 필요도 없다고 생각했던 나의 과거에 대한 기록이다. 가판대의 신문을 보는 것이 유일한 낙이었던 중학교 시절의 나를 찾아가 토닥이며 다독여주고 싶다는 생각도 해 본다. 내가 글을 쓸 수 있는 사람이라고는 한 번도 생각해 보지 못했다. 그저 지금 힘든 삶을 살고 있는 이들에게 조금이나마 힘을 보태줄 수 있기만을 바라며 부끄럽지만 이렇게 글을 내보인다.

자이언트

© 황민재

1판 1쇄 인쇄_2025년 08월 05일
1판 1쇄 발행_2025년 08월 10일

지은이_황민재
펴낸이_양정섭

펴낸곳_경진출판
    등록_제2010-000004호
    이메일_mykyungjin@daum.net
    스마트스토어_https://smartstore.naver.com/kyungjinpub
    사업장주소_서울특별시 금천구 시흥대로 57길 17(시흥동, 영광빌딩), 203호
    전화_070-7550-7776 팩스_02-806-7282

값 18,000원
ISBN 979-11-93985-94-6 03810

※ 이 책은 본사와 저자의 허락 없이는 무단 전재나 복제, 광전자 매체 수록 등을 금합니다.
※ 잘못된 책은 구입처에서 바꾸어 드립니다.

황민재 산문집

자이언트

황민재 지음

추천사

내가 본 황민재 님
: 황민재 님의 수필집에 부치는 글

    이 책은 현대사의 가장 아프고 힘든 시기를 온몸으로 겪으며 보물 같은 삶을 살아온 황민재 님이 자신의 이야기를 친구에게 담담하게 말해 주는 것 같은 진술한 이야기책이기도 하고, 황민재 님의 삶을 관통하였던 사랑과 겸손의 마음을 담아낸 수필집이기도 하다. 나는 이 책을 읽을 분들—아마 지인들과 가족들이 많을 것 같은데—에게 황민재 님을 객관적으로 이해하는 데 조그만 도움이 되어 드리고자 몇 마디 말씀을 드리려 한다.

    정확하게 연도는 기억할 수 없지만 십이삼 년 전의 어느 겨울, 경향신문사에서 내 이름으로 퇴직자를 위한 글쓰기 교실을 열었던 일이 있다. 주로 오륙십대를 대상으로 하여 퇴직 후에 글쓰기로 사회 활동을 해 보라는 권유를 하며, 궁극적으로 개인사 쓰기를 권하는 내용의 강좌였는데, 40여 명의 수강생 중에서 유난히 연로하신 분이 몇 분 눈에 띄었다. 셋째 주인지 넷째 주인지 강의 시간에 각자 자기 이야기를 아무거나 자유롭게 적어 내라는 과제를 낸 적이 있었다. 30분 정도의 시간을 준 것 같다. 그때 수강생들이 적어낸 글 중에서 내 관심을 끌었던 작품이 몇 있었다. 그중의 한 작품을 황민재 님이 썼다. 그때 황민재 님이 쓴 글의 제목이 이 책에도 실려 있는 〈자이언트〉였다. 젊은 제임스 딘이 출연한 미국 영화의 제목을 가져다 쓴 글이었다. 글의 주된 내용은 영화 속의 제임스 딘이 자기 소유의 땅을 가진 이른바 '땅 주인'이 된 것을 자축하는 영화를 보고 나오면서, 당시 시골에서 서울로 올라와 갖은 노력 끝에 길가의 좌판 행상에서 드디어 자기 소유의 일명 '딸따리 구루마(물건을 파는 행상들이 아무 데서나 세워 두고 그 안에서 잘 수도 있게 만든 수레)'를 마련한, 즉 딸따리 구루마의 '주인'이 된 자신에게 스스로 감격하면서 마치 제임스 딘이 된 것처럼 자이언트의 주제곡을 부르며 당당하게 영화관을 나섰다는 줄거리였다. 꽤 감동적인 글이었다. 나는 이분이 전라도 섬에서 태어나서 어렵게 서울로 와서 길거리에 좌판을 벌이고 장사를 하다가 이동이 가능한 '딸따리 구루마'를 굴리며 장사를 하게 되었을 때의 감동을 생각해 보았다. 그래서 강의실에서 황민재 님에게 글의 내용에 대한 칭찬을 한 뒤에 혹시 자이언트 주제가를 불러 줄 수 있겠느냐고 물었다. 갑작스러운 내 요청에 당황한 것은 황민재 님이 아니라 수강생들이었다. 수강생들은 모두 황민재 님의 반응이 궁금하여 황민재 님을 바라보더니 이내 박수를 치며 노래를 청하기 시작했다. 그리하여 결국 황민재 님은 강의실에서 반주도 없는 노래를 불렀다. 이 사건을 계기로 황민재 님과 나와 수강생들의 인연이 깊어지게 되었다. 이후로도 황민재 님의 글쓰기는 계속되었고, 몇 해 전에 다른 회원들과 함께 ≪키움 수필집≫을 내기도 했다. 이제 황민재 님이 독자적으로 48편의 글을 모은 수필집을 낸 것을 축하하면서 황민재 님에 대한 내 생각을 쓸 수 있게 된 것을 나는 무척 반갑고 기쁘게 생각한다. 진심으로 축하를 드리고 싶다. 그리고 이제 자녀들에게도 자랑하실 수 있기 바란다.

지금 93세이신 황민재 님이 육칠십 년 전의 일을 가물가물한 기억을 되살리면서 맥락을 잃지 않고 글로 적는 건 쉬운 일이 아닌데, 이 일을 해내셨으니, 나는 황민재 님의 노력에 찬사와 존경을 드리고자 한다. 황민재 님은 언제나 당신이 글을 쓴다는 사실이 너무나 비현실적이라고 생각하시고 부끄럽게 생각하셨다. 그러나 나는 황민재 님이 보통 사람들처럼 정상적인 가정에서 교육을 받고 자랐다면 훌륭한 문학가가 되었을 것이라고 생각하였다. 감수성이 강하고, 기억력이 좋으셨기 때문이다. 너무 늦게 글을 쓰기 시작하셨기 때문에 젊은 시대의 이야기를 온전히 되살리지 못한 것이 아쉽기는 하지만, 여기에 실은 48편의 글에는 황민재 님의 삶이 그대로 잘 드러나 있다. 아마 이 글을 읽는 분은 황민재 님이 우리 현대사의 가장 어렵고 괴로웠던 아픔을 온몸으로 다 겪으면서 꿋꿋하게 삶을 지켜내고 자녀를 잘 교육하여 지금에 이른 것에 찬사를 보내지 않을 수 없을 것이다.

황민재 님은 1933년 겨울에 전남 신안군 증도라는, 천일염전과 '슬로시티'로 유명한 섬에서, 아버지 황하일 님과 어머니 서복지 님의 4남 1녀 중에서 셋째 아들로 태어났다. 위로 형님이 두 분, 누님이 한 분, 아래로 동생이 한 분이다. 초등학교 1학년 때인 1941년에 가족이 전남 장성으로 이사하여 거기서 초등학교를 다니는 중에 해방을 맞았고, 광주에 있는 중학교에 입학하여 광주 유학생활을 하게 되었다. 그때까지 유복하게 자라던 황민재 님에게 1950년 여름, 가족이 풍비박산이 나게 되는 엄청난 불행이 시작되었다. 육이오 전쟁이 터지고 북한군이 밀고 내려와서 전라도를 점령한 뒤에 다시 북한군이 밀려나 한국군이 전라도를 수복하면서 어린 황민재 님은 아무 영문도 모른 상태에서 작은 형 황영광님을 따라서 순창 회암산 가막골로 들어가게 되었고, 부모님은 영광으로 피신하시고, 남은 식구들도 뿔뿔이 흩어지게 되었다. 그 전말을 간단히 설명하면 이렇다.

한약방을 하면서 동네 식자로서 신망을 가졌던 아버지는 해방 정국에서 몽양 여운형 선생을 지지하는 단체에서 활동을 하시고, 둘째 형도 아버지와 뜻을 함께해서 활동하였는데, 몽양 여운형 선생이 암살당하고 나니 자연스럽게 집안이 좌익 활동을 하게 되었다. 육이오 전쟁 중에 북한군이 전라도를 점령한 시기에는 좌익 활동가인 둘째 형님이 상당한 활동을 하였는데 북한군이 패퇴하고 나니 황민재 님의 가정에 위기가 닥쳤다. 그래서 가족이 흩어지게 되었고, 황민재 님은 둘째 형님을 따라서 회암산으로 들어가 빨치산 활동을 하게 되었다. 당시 둘째 형은 황민재 님보다 8살이나 위이기도 하고, 가정 내에서도 감히 말을 섞기 어려울 정도로 위엄이 있어서 어린 황민재 님은 둘째 형님의 지시하는 대로 짐을 싸 짊어지고 형님을 따라서 회암산 가막골로 들어간 것이다. 둘째 형님은 지휘자여서 빨치산 간부들과 함께 있었기 때문에 가막골에 들어간 뒤에 한 번도 형님을 만나서 이야기할 기회가 없었다고 한다. 갓 중학교에 들어간 황민재 님은 아무것도 모른 채 빨치산이 되어 있었던 것이다. 죽을 고비를 몇 번 넘기며 2년 정도의 혹독한 빨치산 삶을 살다가 국군에 붙들려 포로가 되어 광주로 이송된 뒤에 1953년 휴정 협정에 맞추어 미성년 빨치산이라는 이유로 무죄 방면되어 결국 빨치산 생활을 벗어나게 되었다. 이 책에 실린 몇 꼭지의 글, 예를 들면 〈연두색 잎사귀〉에서 이 시기에 삭막하고 혹독한 빨치산의 삶을 감성적인 언어로 풀어 놓은 것을 보면 그의 문학적 재질을 느낄 수 있다.

    1953년에 석방된 황민재 님에게는 찾아갈 곳이 없었다. 집안이 쑥대밭이 되었기 때문이다. 그 시점에 부모님은 어디에선가 이미 불귀의 객이 되어 이 세상에 존재하지 않았고, 함께 갔던 둘째 형님도 빨치산으로서 활동하다가 국군에게 발각되어 죽었기 때문에 몸을 의탁할 곳이 없었다. 그래서 찾아간 곳이 그의 맏형이 양자로 들어가 살고 있던 큰아버지 집이었다. 큰아버지 집은 증도에서 조금 떨어진 사옥도라는 섬에 있었다. 이미 황민재 집안이 빨치산 집안이라는 것이 이 마을에서도 다 퍼져 있어서 그 누구도 황민재 님을 반기지 않았다. 지금도 빨갱이라면 눈을 돌리는데 그 당시에는 얼마나 심했을지 상상하기 어렵지 않다. 그러나 성실한 사람에게는 어디에서든 도움의 손길이 나타나듯이, 황민재 님에게도 그런 귀인이 나타나서 사옥도 염부의 삶을 벗어나 목포에서 약국 일을 볼 수 있는 기회를 주었다. 사옥도 염전의 사장이 서울대 약대 출신이었는데 그가 목포에 있는 한 약국(십자당 약국)에 취직을 시켜 준 것이다. 약국에서 열심히 일한 대가로 처음으로 편안한 삶을 살 수 있게 된 시점에 그 약국이 문을 닫게 되자 일을 잃게 된 황민재 님에게 다시 도움을 준 사람이 사옥도 염전 사장이었다. 거듭된 은혜를 받아 목포에서 여유를 얻게 된 황민재 님에게 경향신문에서 읽은 한 글귀가 마음에 깊이 새겨졌다. "은혜를 입는 것은 자유를 빼앗기는 것이다." 이에 크게 깨달음을 얻은 황민재 님은 그길로 은혜를 준 사장님께 결심을 이야기하고 곧바로 서울로 무작정 올라오게 되었다. 이 해가 1956년이었다. 그리고 열심히 일하여 '딸따리 구루마'를 마련한 것이 1957년이었다. 그 후 성실하게 일하여 종로의 낙원 상가에서 과자 대리점을 낼 수 있었고, 친구의 소개로 강원도 태백에 주유소를 지어 사업을 확장할 수 있었으며, 1969년에는 서울에 전문건설업체를 설립하여 전기 공사 사업을 하는 동안에 태영건설, 여의도백화점 같은 유수한 기업의 공사를 수주할 정도로 성공을 하게 되었다. 황민재 님의 성실성을 이들 기업 사장들이 충분히 인정해 준 결과였다. 그러나 우리가 다 겪은 바 있는 아이엠에프 금융 위기를 맞아 사업이 어려워져 1998년에 결국 사업을 접고 지금까지 여러 사회적으로 의미 있는 단체, 예를 들면 안중근의사숭모회 같은 단체에 참여하여 활동을 하고 계신다. 그리고 키움 글쓰기 모임에 참여하여 수필 쓰기를 시작한 것이 오늘 이 책을 내기까지에 이르렀다.

 황민재 님의 글에는 특히 가족에 대한 애틋함이 묻어 있음을 알 수 있다. 중학교를 마친 후에 가족과의 단란한 삶을 살아보지 못한 안타까움이 어머니, 아버지에 대한 애틋함으로 남아 있기 때문일 것이다. 내가 보기에는 아버지의 반듯한 삶이 황민재 님의 삶에 상당히 깊은 영향을 미친 것으로 보인다. 특히 해방 공간에서 여운형 선생님을 따르시던 그 뜻이 지금 황민재 님에게 안중근의사숭모회에 깊이 관여하는 정신적 맥락으로 전해지고 있지 않을까 생각해 본다. 모르긴 몰라도 황민재 님의 사회에 대한 적극적인 헌신과 참여 정신이 알게 모르게 자녀들에게도 영향을 미쳐 이 집안이 대대로 의로운 집안으로 면면히 이어질 것으로 생각한다. 정직하고 성실하고 남 돕기를 좋아하시는 황민재 님의 건강을 빌며 사모님과 가족의 평안을 기원한다.

남영신((사)국어문화운동본부 이사장)

추천사

우여곡절의 현대사,
삶의 지혜로 승화시킨 한 인간의 기록

황민재 님의 글 모음 48편을 읽는 내내, 한국 현대사의 격랑 속에서 한 인간이 어떻게 좌절하지 않고 삶의 의미를 찾아 나갔는지에 대한 깊은 감동을 받았습니다. 이 책은 단순한 개인의 자서전적 기록을 넘어, 우리 국어 교육이 지향해야 할 진정한 삶의 가치와 성찰을 담고 있는 귀한 자료입니다.

첫째, 생생한 역사 교육의 장입니다. 1945년 해방의 기쁨부터 6.25 전쟁의 비극, 그리고 그 이후 혼란스러운 사회상과 민주화를 향한 여정까지, 작가의 여정은 교과서에서 배울 수 없는 살아있는 역사, 그 자체입니다. 소년 빨치산으로서 겪어야 했던 굶주림과 죽음의 공포, '빨갱이'라는 낙인 아래 겪었던 사회적 냉대와 차별, 그리고 가족과의 비극적인 이별은 독자들에게 한국 현대사의 아픔을 피부로 느끼게 합니다. 특히 5.18 민주화운동과 촛불집회에 대한 작가의 시선은, 역사의 현장에 대한 깊은 이해와 시민 의식을 함양하는 데 큰 도움을 줄 것입니다.

둘째, 삶의 역경을 극복하는 인간 의지를 보여주는 교본입니다. 작가는 전쟁으로 모든 것을 잃고 의지할 곳 없는 상황에서도 끊임없이 도전하고, 좌절의 순간마다 다시 일어서는 불굴의 정신을 보여줍니다. 큰아버지 댁에서의 구박과 염전에서의 고된 노동을 견뎌내고, 서울에서 막노동과 노점상으로 시작해 사업을 일궈내는 과정은 오늘날 젊은 세대에게 큰 귀감이 될 것입니다. '하겠다는 의지 앞에 불가능은 없다'라는 작가의 금언은 삶의 고난 앞에서 포기하지 않는 강인한 정신력을 가르칩니다.

셋째, 진정한 인간관계와 성숙한 자아 성찰을 끌어냅니다. 작가는 자신에게 따뜻한 위로와 도움을 주었던 이들에 대한 깊이 감사함을 잊지 않고, 반대로 자신에게 상처를 주었던 이들과의 관계에서도 결국 화해를 이루고자 노력하는 모습을 보입니다. 특히 '빨갱이'라는 낙인 때문에 자신을 스스로 고립시켰던 과거를 인정하고 극복해 나가는 과정은 독자들에게 자아 성찰의 중요성과 관계의 회복에 대한 깊은 메시지를 전달합니다. 어머니와 아내에 대한 지극한 사랑과 존경은 가족의 소중함을 다시금 일깨워 줍니다.

넷째, 아름다운 우리말과 글의 힘을 보여줍니다. 작가의 글은 비록 전문적인 문학 기법을 사용하지는 않지만, 담담하면서도 진솔한 문체로 독자들에게 깊은 울림을 선사합니다. 특히 어린 시절의 추억을 묘사하는 부분이나 자연에 대한 섬세한 묘사는 우리말의 아름다움을 느끼게 합니다. 또한, 작가가 아버지에게서 한글을 배우고, 어려운 상황 속에서도 책과 신문을 통해 세상을 알아갔던 이야기는 국어 교육의 본질적인 가치를 되새기게 합니다.

  이 책은 단순히 읽고 지나치는 글이 아니라, 독자들이 자신의 삶을 돌아보고, 역사의 아픔을 공감하며, 더 나아가 세상을 살아가는 데 필요한 지혜와 용기를 얻을 수 있는 귀한 자료가 될 것입니다. 국어 교육 전문가로서 이 책을 모든 학생과 교사, 그리고 일반 독자들에게 적극 추천합니다. 이 글들이 주는 감동과 교훈은 우리의 삶을 더욱 풍요롭게 만들어 줄 것입니다.

김슬옹(세종국어문화원 원장)

책머리에

내 삶의 여정에는 세 분의 스승이 계셨다. 그분들이 계셨기에 지금의 내가 있을 수 있었다.

첫 번째 스승은 나의 아버지셨다. 한약방을 운영하시던 아버지는 광복 후 혼란스러운 시기에도 나에게 한글을 가르쳐주셨다. 덕분에 나는 일찍이 글을 깨칠 수 있었고, 초등학교 5학년 때는 학급 대표로 책을 읽고 우등상까지 받았다. 책을 좋아하게 되고, 글의 소중함을 알게 된 것 모두 아버지의 가르침 덕분이었다.

열아홉 살, 포로수용소에서 나와 큰아버지 댁에 머물렀지만, 그곳에서의 홀대는 어린 나에게 큰 상처를 주었다. 결국 나는 집을 나와 염전에서 염부로 일하게 되었다. 그때 만난 염전 주인 어르신이 나의 두 번째 스승이시다. 어르신은 약국도 함께 하셨는데, 매일 동아일보를 모아 나에게 읽게 해주셨다. 신문을 통해 세상 돌아가는 이야기를 접하며 나의 눈은 비로소 넓어졌다. 답답한 염전 생활을 벗어나 더 넓은 세상으로 나아가고 싶다는 용기가 그때 생겼고, 결국 서울로 올라올 수 있었다. 어르신이 아니었다면 상상도 할 수 없는 일이었다.

그리고 세 번째 스승은 2016년 경향신문 글쓰기 강좌에서 만난 남영신 선생님이시다. 글쓰기에 대한 막연한 두려움이 있었던 나에게 선생님은 "이렇게 쓰는 거라고" 격려해주셨다. 그 따뜻한 한마디는 멈칫했던 나의 글쓰기 여정에 다시 불을 지펴주었다. 그때 발표한 글이 20대 새로운 꿈을 꾸게 한 영화 자이언트를 떠올려 쓴 글이다. 수업 때 그 글을 읽고 자이언트의 주제가를 불러 박수도 받았다. 지금도 글을 쓸 때마다 선생님의 격려가 큰 힘이 된다.

이 세 분의 스승 덕분에 나는 배우고, 세상에 눈을 뜨고, 용기를 얻고, 다시 글을 쓸 힘을 얻었다. 그분들께 진심으로 감사드린다.

마지막으로, 이 글을 나의 사랑하는 아내에게 바친다. 스물한 살 어린 나이에 시집와 평생을 오직 나를 위해 헌신해 준 당신. 당신의 사랑과 희생이 없었다면 나는 결코 이 모든 것을 이룰 수 없었을 것이다. 나의 가장 가까운 곳에서 늘 힘이 되어 준 당신이야말로 내 삶의 가장 큰 축복이자 영원한 동반자이다. 고맙고, 사랑합니다.

추천사(남영신, (사)국어문화운동본부 이사장) ——— 4
추천사(김슬옹, 세종국어문화원 원장) ——— 11
책머리에 ——— 14

제1부 소년의 삶을 뒤흔든 전쟁, 그 한복판에서

소년 빨치산 ··· 21
포로수용소 ··· 26
하얀 나비 ··· 32
연두색 잎사귀 ·· 38
어머니 ··· 42
아버지 ··· 48
그리운 누님 ··· 53
가을 ·· 57
빅토리 선생님 ·· 60
탑선포(塔仙浦) ·· 63
망향 ·· 68
자이언트 ··· 73
직녀성 ··· 79
십자당 약국 ··· 84
살구나무 ··· 92
들국화 ··· 95
함박눈 ··· 100

설렁탕 ··· 105
금가락지 ··· 109

제2부 삶을 조망하며 생각을 글로 옮기다

우리 국민이 자랑스럽다 ·· 117
이름 있는 날 ·· 124
친구 ··· 130
화해 ··· 137
시신 기증 ··· 141
손목시계 ·· 148
금언(金言) ··· 151
꽃 ·· 156
가톨릭 신자가 되다 ··· 159
축복받은 삶 ··· 165
태양 ··· 169
동족상잔 ·· 174
김치 ··· 179
우리나라 검찰 ·· 183
한강 ··· 188
쑥 ·· 192
만년필 ··· 196
부채와 선풍기 ·· 200
기다림 ··· 204
잊지 못할 친구의 죽음 ·· 209
허전함 ··· 214
영화 '말모이'를 보고 ··· 219

여의도 ··· 223
싸움에 뛰어드는 전사가 되라 ··· 226
약수 ·· 234
인색함 ··· 237
4.27 판문점 선언 ·· 242
설거지 ··· 246
나의 아내 ·· 249

제1부
소년의 **삶**을 **뒤흔든 전쟁**,
그 **한복판**에서

소년 빨치산

　1945년 8월 15일, 일본의 패전으로 우리나라는 일본의 식민지로부터 해방이 되었다. 한약방을 하시며 근방에 꽤 알려졌던 아버지는 1923년 5월 1일 당시 보통학교 상급생이던 시절, 하급생들을 이끌고 태극기를 흔들며, 대한 독립 만세를 외치는 독립운동을 하신 분이었다. 만세 운동을 하다가 일경에 체포되었고, 일본인 교장 선생님의 간곡한 설득에도 끝내 전향서를 쓰지 않아 대구형무소에서 이 년간 옥살이를 한 사실이 나중에 알려졌다. 우리 집 한약방에는 환자보다 면 내의 꽤 유식한 사람들이 모여들기 시작했다. 그들은 모두가 여운형 선생 추종자들이었다. 그로부터 2년 후 여운형 선생님이 암살당하고, 우리 아버지를 비롯해 거의 모두가 박헌영의 남로방에 흡수되었다.

　그 이후 남로당이 미국전에서 불법화되어 아버지와 이미 성년이 된 형님을 순경들이 찾아와 잡아가는 일이 잦아졌다. 다음 해인 1948년 10월에 여순사건이 일어나자 아버지와 형님에 대한 박해가 더욱 심해져서 집에 있을 수가 없었다. 그해에 외동딸인 누님이 중매로 전라북도 부안으로 출가하게 되었으나 아버지와 형님은 집에 있을 수가 없어 결혼식에도 참석할 수 없었고 나도 학생이라 광주에서 떠나지 못해 결혼식에 참석할 수 없었다.

그 후 우리 집은 비록 머슴이 있다 하나 어머니와 형수, 그리고 초등학교 삼학년이던 남동생뿐이라 그 큰 농사를 감당할 수가 없었다. 1949년 초, 전남 장성군 진원면에서 전라북도 옥구군 미면으로 이사하게 되었다. 그 미면은 간척지로 전부가 논이었으며 그 들판 가운데 띄엄띄엄 십여 호쯤 되는 촌락이 산재해 있었다. 그 집들은 일본에서 이사 온 가난한 사람들이 살던 곳으로 부락 이름도 그들이 일본에서 살던 현의 이름을 그대로 썼다. 우리 집 이사하는 것도 보지 못한 나는, 1950년 이중과세 금지로 음력설이 공휴일이 아니어서 설이 지난 어느 토요일에 기차를 타고 군산에서 내려 집을 찾아갔다가 다시 버스를 타고 미면 소재지에 내려 물어물어 얼마를 걸어 새로 이사한 우리 집에 찾아갔다. 그 집은 장성의 우리 집에 비해 십분의 일쯤 되었다. 광주는 거기에서 거리가 머니 차라리 아버지 친구의 아들이 있는 서울의 중학교로 가기로 하고 오월에 광주의 중학교 삼학년을 수료하고 친구들과 방학 중이라 따로따로 만나 작별을 하였다. 6월 18일에 새로 이사한 집으로 책과 이불을 챙겨서 도착했다.

그러나 내가 도착한 지 일주일 만에 6.25 전쟁이 일어났고, 아버지는 물밀 듯이 밀고 내려온 인민군을 따라 내려가셨다. 그 일로 인해 아버지의 전력이 주위에 알려졌고, 조금 과장되게 소문이 퍼졌다. 나는 아는 사람도 없고 친구도 없었으며 친구들에게 연락할 통신 수단도 없어서 매일 바닷가 둑방에 올라가 먼 바다를 하염없이 바라보며 지금은 가사도 잊어버린 어느 여가수가 불렀던 '남쪽 나라 바다 멀리 물새가 나르고…' 하는 노래를 흥얼거리다가 집으로 돌아왔다. 그러던 어느 날부터 먼 바다에 큰 배가 몇 척 떠 있었고 그 배에서 군산의 군용 비행장을 향해 함포 사격을 하기 시작했다. 그리고 얼마 후 미군이 인천에 상륙하여 벌써 서울까지 점령하고 국군이 남으로 내려오기 시작했다는 소문이 돌았다.

아버지 때문에 우리 집은 빨갱이 집이라는 소문이 나서, 어머니는 나를 걱정하시며 아버지와 형님이 전에 살던 장성에 계실 테니 가서 만나라고 하셨다. 나는 우리를 따라 이사 온 외사촌 누님의 아들과 함께 가기로 했다. 달리 교통수단이 없어 걸어갔다. 그때 만경 평야가 그렇게 넓은 줄 처음 알았다. 가도 가도 끝이 없었다. 가다가 해가 지면 아무 부락이나 들어가 밥을 얻어먹었다. 며칠 만에 장성에 도착하여 아버지와 형을 만날 수 있었다. 그리고 얼마 후에 어머니와 형수님 그리고 어린 동생이 장성으로 와서 모처럼 우리 식구가 다 모였다.

장성군 진원면의 뒤에는 불대산이라는 꽤 높은 산이 있었다. 그 산의 뒷자락에는 골짜기가 많이 있었는데, 그곳에는 빈농으로 남의 집 품팔이를 하며 농한기에 5일마다 서는 읍내 장에 장작이나 소나무 잎의 땔감을 지고 가서 생활하는 사람들과 조금 잘 사는 집의 머슴으로 있던 사람들이 북새통을 이루고 있었다. 그들은 인민군이 내려왔을 때 부역한 사람들이었다. 김일성 장군이 육이오 때 삼 일 만에 서울을 점령했는데 또 곧 인민군이 내려올 거라며 사기충천해 있었다. 이미 광주에는 국군과 전투경찰대가 진주해 있었고, 낮이면 들판을 건너 우리 진원면의 경찰 주재소를 점령하다가 밤이 되면 광주로 철수하고 있었다.

우리 식구들은 의논하기를 아버지, 어머니는 연로하시니 어린 동생을 데리고 이웃에 있는 영광군으로 피신하기로 하고, 형수는 홀몸이므로 해남의 친정으로 가기로 했다. 나는 형님을 따라가기로 하였다.

그렇게 우리 식구는 헤어졌고, 그것이 우리 식구 영 이별이었다.

그러던 어느 날, 군경이 물러간 날 밤에 언제나처럼 각 마을로 내려가 갖가지 생활용품과 식량을 가지고 왔다. 그런데 그날따라 어떤 젊은 사람을 포박해서 데리고 씩씩거리며 "반동 새끼 한 놈 잡아왔다"라며 의기양양해 했다. 역시 다음 날도 군경이 왔다가 돌아가고 해가 지고 초저녁 어둠이 시작되자 어제 잡아와 포박되어 있던 젊은이를 세 사람이 어디론가 데리고 가면서 동무는 앞으로 당원이 될 사람이니까 따라와서 봐야 한다며 가자고 하여 따라갔다. 그 사람들은 몽둥이 두 개와 삽 두 자루를 함께 가지고 갔다. 초저녁 으스름 달밤이었다. 한참을 가다가 조금 움푹 들어간 산자락에 그 사람을 포박한 채 앉히더니 몽둥이를 든 두 사람이 앉힌 사람 뒤로 가더니 번갈아 가며 젊은이의 뒤통수를 몇 번 때렸다. 그 젊은이는 외마디 비명을 지르며 앞으로 고꾸라졌다. 그리고 그대로 움직이지 못하고 있으니 발길로 툭툭 차며 죽음을 확인하고는 가지고 온 삽으로 양쪽 흙으로 시체를 덮고 아무렇지도 않은 듯 몽둥이와 삽을 챙겨서 돌아갔다.

나는 몸도 약했지만 마음도 심약한 편이어서 너무 놀라고 무섭기까지 했다. 그들이 그렇게 위대하다고 찬양하는 김일성과 공산당이 무섭고 미웠고 싫었다. 그러나 나는 그런 내색을 할 수 없었다. 도망가다 잡히면 무조건 죽인다는 것을 알고 있어 함부로 도망가지도 못했다. 얼마 후 전투 경찰이 상주하기 시작하였다. 더 깊은 전라북도 순창군 회암산 밑의 가막골이라는 길고 깊은 골짜기가 있는데 군인이나 경찰이 들어오지 못하는 해방구라며 우선 그리로 가야 한다고 해서 나도 배낭에 쌀을 넣어 등에 지고 밤새워 따라갔다. 그곳에는 이미 전라북도와 충청도에서까지 지방 빨갱이들이 와서 있었다. 모두가 비무장이었고 인민군 패잔병과 일부 지방 빨갱이들이 경찰지서 등을 습격하여 빼앗은 약간의 무기뿐이었다. 나는 비무장 소년 빨치산이었고 군경의 집요한 대대적인 공세에 이리저리 쫓기다가 1953년 1월에 홀로 떨어져 어느 부락에 밥을 얻어먹으러 들어갔다가 지방 청년들로 조직된 경방단에 잡혀 포로가 되었다.

포로수용소

 결코 자랑스럽지 못한 악몽 같았던 내 과거사지만 우리 민족 비극의 한 단면이기에 이 글을 적어 본다.
 나는 1950년 11월, 우리 가정의 기구한 운명에 의하여 철없던 어린 나이에 형님을 따라 이른바 빨치산이라 부르는 공비가 되어 산으로 들어갔다. 몇 번의 죽을 고비를 넘기고, 부상도 입고 굶주리며 겨우 목숨을 유지하다가 1952년 겨울 국군의 동계 빨치산 소탕 총공세로 나는 어디인지도 모르는 산중에 버려졌다. 나중에 안일이지만 지리산을 중심한 남한 빨치산은 그때 완전히 궤멸되었다고 한다.
 날짜도 알 수 없는 어느 날 그렇게 산속에 혼자 있었다. 너무 많이 쫓겨 다니며 험한 죽음도 많이 보았기에 죽음의 공포는 이미 없어지고 오직 배고픈 괴로움만이 있었다. 그렇게 배가 고파 걸어가기도 서 있기도 힘들고 어딘지도 몰라서 어느 나무 밑에 그냥 기대고 앉아 있었다. 그때 저쪽에서 세 사람이 오고 있었다. 그 중 한 사람은 총상을 입어 겨우 걸어오고 있었다. 그들은 내가 체격도 작고 어려 보여서인지 아무것도 물어보지 않고 그냥 따라오라고 하였다. 나는 선택의 여지가 없어 그냥 따라갔다. 얼마쯤 갔을까 어떤 굴로 들어갔다. 과거 빨치산들이 있던 곳인 듯하였다. 자리를 잡고 앉자 그 중 한 사람이 배낭을 열고 생팥을 꺼내 한 주먹씩 나눠주었다. 팥은 단단해서 입안에 한참을 물고 있다가 침으로 불려서 씹어도 단단해서 힘들었다. 그러나 배가 고프니 비린내도 느끼지 못하고 억지로 씹어 먹었다. 간간이 먼 데서 총소리, 포소리가 들릴 뿐 우리가 있는 곳은 조용했다.

그렇게 하룻밤을 지내고 날이 밝았다. 총상을 입은 그 사람이 일어나지 않아 흔들어 보니 이미 죽어 빳빳하게 굳어 있었다. 우리는 시체를 그대로 둔 채 그곳을 떠났다.

산속은 너무나 조용했고 얼마쯤 가다가 어떤 은신처로 들어가서 어둡기를 기다려 산을 내려간다고 하였다. 어두워질 무렵 산을 내려가 얼마를 가니 조그만 개천이 나오고 그 옆의 언덕에 수양버들 나무가 줄지어 심겨 있고 언덕 위에는 길이 있었다.

그 길을 따라 얼마나 갔을까 밤도 꽤 깊은 것 같은데 저 멀리 들 가운데 동네에 불 켜진 집이 보여 앞서가던 그 사람들은 이 밤중에 불이 켜져 있는 것을 보니 틀림없이 제사 집일 거라며 저기 가면 밥을 얻어먹을 수 있을 거라며 들어가자고 하였다.

나는 무작정 그 사람들을 따라갈 수밖에 없었다. 부락 가까이 갔을 때 갑자기 요란한 총소리가 났고 우리는 황급히 되돌아 도망치기 시작했다. 공비 잔당들이 부락에 출몰하는 것을 잡기 위해 경찰들이 위장하고 매복하고 있었던 것이다. 두 사람은 개울가 언덕길에 올라서자 더욱 세차게 내달리니 나는 도저히 따라갈 수가 없어 언덕 아래로 내려가 수양버들 나무 밑동을 잡고 아랫도리는 물에 담근 채 웅크리고 있었다.

얼마나 지났을까 한 놈도 잡지 못했다며 경찰들이 투덜거리며 지나갔고 한참을 지나서 주위가 조용하기에 언덕에 올라와서 어딘지도 모르며 무작정 걸었다.

들판을 지나 어디쯤 가니 부락이 나왔고 배가 고픈 나는 아무 생각 없이 부락으로 들어갔다. 그때의 농가에는 대개 부엌문이 없었으므로 맨 처음의 집에 들어가 더듬더듬거리며 항아리를 찾아 뚜껑을 열고 안에 있는 김치를 씹어 먹었다.

그렇게 허겁지겁 먹고 있는데 누군가 갑자기 손전등을 비추며 귀밑을 무엇으로 찍어 눌렀다. 그리고 다른 사람이 손전등으로 나를 이리저리 비춰보더니 내가 아무 무기도 없고 체격도 왜소하고 얼굴도 동안이라 그런지 대창을 치우라며 그냥 밖으로 데리고 나왔다. 그러면서 이구동성으로 어쩌다 어린 새끼가 이렇게 되었냐고 측은해하기도 하였다.

날이 밝아올 무렵 언제 지서에 연락했는지 경찰들이 와서 나를 인수하여 지서로 데리고 갔다. 그 후 경찰서를 거쳐 사단 사령부가 있는 남원의 임시 집결소로 갔다. 드디어 포로가 된 것이다. 그때 인민군 포로들은 거제도 수용소로 가고 빨치산 포로들은 전남 광주에 있는 서석국민학교에 마련된 수용소로 갔다. 그곳은 내가 중학교 3년을 다니던 곳이기도 하다.

그 초등학교 운동장 한편에 군용 야전 텐트가 많이 쳐져 있었다. 천막 안에는 가운데 복도 양편으로 각 50명씩 100명의 포로가 있었고 잠잘 때는 서로의 머리 쪽에 발을 뻗고 잠을 잤다. 식사 때 25명씩 두 줄로 마주 앉아 식사를 기다리고 있으면 병사 두 사람이 식통과 반찬통을 들고 와서 양은그릇에 밥을 퍼 담아 배식을 시작했다. 그러면 50명이 일제히 그쪽으로 고개를 돌리고 바라보고 있었다. 나는 어린 생각에도 그쪽을 바라보지 않으려고 눈을 감고 있었는데 어느새 나도 모르게 고개가 그쪽으로 돌아가 있었다. 그렇게 식사가 끝나고 운동장에 나가 군가를 배우고 군가에 맞춰 제식훈련을 받았다.

제식훈련 사이 약 10분씩 휴식 시간이 있었다. 남도의 삼월이면 봄이 완연했다. 학교 담장 위에는 철조망이 쳐 있고 몇 군데 망루가 있었다. 그럴 때면 허기도 잠시 잊고 어릴 적 동무들과 밭둑을 뛰어다니며 재잘거리고 놀던 생각이 나서 푸른 하늘과 그 푸른 파도를 하염없이 바라보고 있었다.

그리고 몇 년 전 중학교 때 즐겨 읽었던 한센병 시인 '한하운'의 시가 생각났다. '전라도 길'이라는 시는 맨 끝구절인 '가도 가도 천리 먼 전라도 길'만을 알고 있었으나 '파랑새'라는 시는 전부 외우고 있어 소리 나지 않게 속으로 외어보고 있었다.

나는 나는 죽어서 파랑새 되어
푸른 하늘 푸른들 날아다니며
푸른 노래 푸른 울음 울어예으리
나는 나는 죽어서 파랑새 되리

다음 순간 조교의 구령소리에 일어나 다시 군가를 부르며 또 훈련을 시작했다. 포로들은 극도로 위와 장이 약해져서 조금만 음식을 부주의하게 먹으면 금방 설사가 나고 며칠이 지나면 이질이 되었다. 훈련도 나가지 못하고 삼사일 후면 일어나지도 못하고 밥도 먹지 못하였다. 그러면 병동으로 옮겨졌고 며칠 후면 죽어나갔다.

나도 어느 날 병동으로 실려 간 환자가 못 먹은 밥을 식사당번이 나에게 주어서 앞뒤 생각 않고 허겁지겁 먹었다. 갑작스러운 과식 탓에 그날 저녁부터 설사를 하기 시작했고 다음 날 훈련도 나가지 못했다. 며칠 뒤면 이질이 생길 것이고 그러면 일어나지 못해 병동으로 옮겨져야 한다는 공포가 나를 사로잡았다. 설사와 이질에 잘 듣는 특효약이라는 미제 '구와노찡'이라는 약이 있는데 포로들에게는 줄 양이 없어 그냥 죽어나가게 할 뿐이었다.

나는 설사가 시작된 다음 날 역시 훈련도 나가지 못하고 변소를 여러 번 다녔다. 오전 중 벌써 세 번째 다녀오는데 저편에서 위생병 둘을 거느리고 장교 중위가 오고 있었다. 나는 그냥 달려가 그 장교의 다리를 붙잡고 사정했다. 나 설사가 이질이 되어 죽게 되었으니 살려달라고 애원을 했다. 당황한 장교가 어린놈이 왜 이리 되었을까 하고 중얼거리더니 위생병더러 그 '구와노찡' 열 알만 주라고 하였고 그 사병은 옆에 차고 있던 허리 가방에서 약병을 꺼내 열 알을 세어주며 한 번에 두 알씩 하루 세 번 먹으라고 용법까지 일러주었다.

그 약을 먹고 설사와 이질이 완전히 나았으며 훈련도 열심히 받았다. 또 포로들은 약 10명씩 경비병들의 호송을 받으며 걸어서 재판을 받으러 군법회의장에 나갔다. 군복의 아랫바지 양 무릎에 검정 글씨로 PW라고 써서 전쟁 포로 표시를 했다. 한번은 그렇게 군법회의장에 가는데 저만치 아는 사람이 오고 있었다. 한 부락에 살던 초등학교 2년 선배였다. 우리 부락에서 광주중학교에 다닌 학생은 그 선배와 나 두 사람뿐이었다. 나는 너무 반가워 멀리서부터 눈을 떼지 않고 바라보며 걷고 있었다. 그 선배도 나를 알아보고 걸어오며 바라보고 있었다. 그런데 돌연 가까이 오더니 얼굴을 획 돌려 버렸다. 순간 나는 너무 당황스럽고 슬펐다. 그리고 앞으로 세상의 냉대가 얼마나 크게 덮쳐올까 하는 생각에 무서움마저 느꼈다.

그 이후 나는 몇 십 년간을 먼 친척 고향 사람 그리고 학교 동창들도 가급적 기피하고 살았다. 그해 1953년 7월 27일 휴전협정이 조인되고 이승만 대통령이 이십 세 이하 미성년 빨치산들은 전원 무죄 석방의 특명을 내렸다. 10월에 나도 석방되어 아무 데도 갈 곳도 없고 부모도 없고 재산도 없이 냉대와 증오의 눈빛이 기다리는 세상으로 나는 귀향증 하나를 받아들고 걸어 나왔다.

하얀 나비

개나리가 지고 진달래도 지고 철쭉꽃이 피는 늦은 봄 아침 운동을 하고 돌아오는데 하얀 나비 한 마리가 마치 내 주위를 맴도는 것 같이 너울거리고 있었다. 그때 나는 나도 모르게 그 옛날 눈물겹도록 감사하고 고마웠던 아련한 옛 추억을 떠올리며 그 하얀 나비가 너울너울 맴돌다 멀리 사라질 때까지 바라보았다.

1953년 광주의 빨치산 포로수용소에서 나와 갈 곳 없던 나는 중학교 때 여름 방학에 두 번 가보았던 전라남도 신안군 조그만 섬에 있는 큰아버지 집으로 찾아갔다. 우려했던 대로 큰아버지와 큰어머니만 측은해할 뿐이고 아무도 나를 가까이하려 하지 않았다. 사촌은 일제 때 그 섬에는 초등학교가 없어 장성에 있는 우리 집에 와서 초등학교에 다니다가 해방이 된 후에 그 섬에 분교가 생겨 다시 섬으로 돌아왔는데, 나보다 한 살 아래이며 생일로는 몇 달 사이였다.

4년 동안 우리 집에 있을 때는 늘 같이 놀았으며 방학 때 그 섬에 갔을 때는 동네 친척 아이들과 함께 놀며 밤에는 남의 목화밭에 심어놓은 참외 서리도 같이 했었다. 그렇게 몇 년 전에 가까이 지냈던 사촌과 친척들은 한결같이 길에서 나를 만나면 겨우 알은체를 할 뿐 가까이하지 않았다.
　섬에 간지 약 보름 후에는 큰아버지의 태도가 달라졌다. 집에만 있지 말고 산에 가서 땔나무를 해오라고 하였다. 지게질을 해본 적 없는 내게 지게를 지우고 거기에 곡괭이를 얹어주며 베어낸 나무뿌리를 캐오라고 하였다. 내 사촌과 또래들은 자기네들끼리 산으로 가버리고 나는 혼자서 아무 산이나 가서 나무뿌리를 캤다.
　어느 날, 그날도 혼자 누구의 산인지도 모르고 아무 산에나 가서 나무를 캐고 있는데 갑자기 어느 어른이 나타나 다짜고짜로 이 빨갱이 새끼 하면서 왜 남의 산에 와서 나무를 하느냐며 곧 때릴 듯이 주먹을 불끈 쥐고 흔들어 댔다. 나는 영문도 모른 채 그저 용서해 달라고 두 손으로 빌며 사정할 수밖에 없었다. 한참을 씩씩거리며 욕을 해대던 그 어른은 비는 내 모습을 눈을 흘기며 돌아갔다. 내가 이렇게 증오의 대상인가 하고 두려움과 외로움이 겹쳐와 한참을 망연자실하고 앉아 있었다. 큰아버지조차도 다른 사람들은 오전 오후 두 번씩 나무를 해오는데 나는 겨우 오후 세 시경에야 한 짐밖에 해오지 못하는 나를 날이 갈수록 못마땅해 했다.
　한겨울이 되자 농한기에 고개 넘어 큰 동네에 있는 염전에서 제방 보수 작업을 하는 곳에 부락 사람들이 나가 돈벌이를 했다.

큰아버지는 이번에도 지게에 바작*을 얹어주며 따라가서 돈벌이를 해 오라고 시켰다. 대단히 춥지는 않았지만 바닷바람이 쌩쌩 부는 바닷가에 가서 주먹만한 크기의 자갈을 주워 담아 제방의 함몰된 곳에 뿌리는 일이었다. 지게질도 서툴고 힘도 부족한 나는 짐을 지고 일어나다 해변의 바위에 그대로 넘어져 앞니가 부러졌고 입술이 터져 피가 나 입술이 퉁퉁 부어올라 집으로 돌아왔다. 큰어머니는 퉁퉁 부은 입술을 보고 깜짝 놀라서 어쩔 줄 모르며 안타까워했으나 큰아버지는 한번 눈을 흘겨보고는 그런 것도 제대로 못하냐는 듯한 표정으로 돌아앉으며 쯧쯧 소리 나게 혀를 찼다. 나는 너무나 아프고 서러워서 훌쩍훌쩍 울었다.

그곳에서는 정월 보름이 지나면 논갈이를 시작했다. 그러나 나는 한 번도 쟁기질을 해보지도 않았고 소를 모는 방법도 몰랐다. 그런데 이웃 큰 섬에 사는 큰아버지의 나보다 두 살 아래인 외손자는 다른 농사일은 물론 쟁기질도 썩 잘했다. 큰아버지는 얼마나 못마땅했던지 급기야 음식 차별까지 했다.

나는 더 이상 견딜 수가 없어 마침 마을 앞에 새로 염전을 만드는 곳에 측량사들과 기술자들이 와 있는 막사에 찾아가 아무 일이나 시켜달라고 사정하였다. 그곳에서 숙식을 하며 그 사람들의 밥을 해주는 일을 해주기 시작했다. 그 염전이 다 만들어진 후 그 섬의 맨 끝에 있는 염전에 다시 숙식을 하는 염부로 들어갔다.

그 염전 주인은 서울대학교 약학대학을 나온 엘리트였으며

---

* 전라도 방언. 지게에 얹어 짐을 싣는 데 쓰는 소쿠리 모양의 물건.

육이오 때 피난 나왔다가 염전을 개발해서 사장이 된 사람이었다. 내 처지를 알았는지 목포 자기 집에서 보는 신문을 버리지 않고 모아다가 주는 등 각별하게 대해 주었다. 그 신문은 동아일보였다. 그리고 그 염전에서 조금 떨어진 그 섬에서 제일 큰 부락에 그 사장의 친척되는 사람이 가끔 놀러 왔다. 그 사람도 물론 내 처지를 잘 알고 있었으나 전혀 내색하지 않고 오히려 늘 살갑게 대해 주었다. 한 동네의 사촌과 친척들도 멀리하는 처지인데 나에게 그렇게 친절하게 대해 주니, 그 사람의 친절이 너무 고마워 얼마쯤 오지 않으면 기다려지기도 했다.

그러던 어느 날 한 달에 두 번씩 큰아버지 집에 다니러 가는 길이었다. 그가 사는 마을 뒤를 지나 고개를 넘어가고 있는데 나를 부르는 소리가 나서 밑에 부락을 내려다보니 그가 자기 집 마당에서 손을 흔들며 나를 부르고 있었다. 나는 반가우면서도 무슨 영문인지도 모르고 그의 집으로 갔다. 방에 들어가 이런저런 얘기를 하고 있는데 부엌 쪽 문이 열리며 상이 들어오니 그가 얼른 일어나 받아들고 왔다. 상 위에는 생 뻘낙지를 끓는 물에 데친 낙지회와 작은 옹기 오가리에 막걸리 술도 얹어 있었다. 낙지를 고추장에 찍어 먹는 그 맛은 처음 먹어보는 별미였고 그 부드럽고 연한 맛은 지금도 잊을 수가 없다.

그때의 나에게는 이런 대접이 꿈만 같았다. 막걸리를 한 잔씩 나누고는 그가 진지한 얼굴로 나에게 제안을 했다. 자기도 독신이고 외로우니 우리 의형제를 맺자고 하며 다시 술잔을 채워주었다. 나는 너무 뜻밖이어서 눈물겹고 고마워 조심스럽게 받아들였고 가슴 밑바닥에 서려 있는 깊은 외로움이 싹 가시는 듯했다. 그는 나보다 한 살 아래였으며 생일로 따지면 겨우 몇 달 사이였다. 그는 외아들이어서 조혼을 했고 그때 벌써 딸도 있었다. 그때부터 그는 나를 깍듯하게 형님으로 호칭했고 늘 존댓말을 했다. 그의 부인은 그 부락에서 뻘낙지를 잘 잡는 사람으로 소문이 나 있었고 낙지를 잡아오는 날이면 어김없이 나를 초대했고 집에서 기르던 닭으로 닭백숙도 해 주었다. 그렇게 정답게 지내던 중 겨울이 되어 염전일도 끝나고 나는 목포로 나왔다가 다음 해 봄 서울에 왔다. 우리는 자주 편지를 주고받으며 지냈으며 1959년 내가 결혼할 때는 그 시골에서는 꽤 고급인 뽀뿌린 천으로 내 한복도 한 벌 해 주었다.

그 후 그는 불행히도 상처를 했고 재혼을 하고 1969년에 가산을 정리하고 서울로 이사를 했다. 서울에서 우리는 더욱 가깝게 지냈고 자주 어울렸으며 어린이 대공원 개장한 후 우리 두 집 식구 모두 다 같이 구경을 간 일도 있었다. 그러던 후 그에게 큰 불행이 닥쳐왔다. 술을 좋아했던 그가 간경화증으로 고생하던 중 병이 악화되어 세브란스 병원에 입원하게 되었다. 나는 매일 출근하면서 그의 병실에 들렀다. 그의 병세는 매일매일 악화되고 회복될 기미가 없었다.

여느 때처럼 출근길에 그날도 병실에 들렀더니 그 부인이 울먹이며 아무래도 오늘을 넘기지 못할 것 같다며 병원 측에서 병실을 옮겼다며 그 방으로 안내했다. 그 동생은 가쁜 숨을 몰아쉬고 있었고 이미 의식도 없었다. 나는 한참을 손을 잡아주고 있다가 그날따라 급히 사무실에 처리할 일이 있어서 사무실에서 일을 처리하고 급히 병실에 다시 달려갔더니 이미 운명을 달리

했다. 그러나 손에 아직 온기는 남아 있었다. 나는 그의 손을 잡고 한참을 울었다. 장례 일체는 내가 주관해서 치렀다. 장지에 가서 하관을 하고 나는 가족들 맞은편에 앉아서 일꾼들이 봉분을 만들고 있는 것을 하염없이 바라보고 있자니 그 옛날 그 외로웠던 시절 그와 호형호제하며 정겹게 지내던 시절이 떠올라 나도 모르게 눈물이 흘렀다. 바로 그때 하얀 나비 한 마리가 자꾸 내 주위를 맴돌고 있었다. 나는 문득 그 동생의 혼백이 나비가 되어 내 주위를 맴도는 것 같은 생각이 들었다. 그 후 봄철이 되면 하얀 나비가 내 앞에 나타나 너울거리면 걸음을 멈추고 그 동생의 혼백인 것 같아 한참을 바라보다가 잘 가라고 손짓을 하며 '동생 다음 세상에서 다시 보세나' 하고 나직이 중얼거려 본다.

연두색 잎사귀

 4월이 되어 개나리 진달래가 지고 연두색 잎사귀가 돋아나고 숲이 연두색으로 변하면 나도 모르게 절로 안도감이 오고 마음이 푸근해진다.
 벌써 60여 년 전의 일이다. 6.25 전쟁이 나고 얼마 지나지 않아 맥아더 장군의 인천상륙작전이 성공하여 인민군이 패퇴하고 국군이 속속 들어오기 시작했다. 그때 우리 가족은 전라남도 장성군 진원면에 있었다. 이웃 광주에는 이미 국군이 진주해 있었고 낮에는 전투 경찰들이 진원면까지 들어와 있다가 밤이면 다시 광주로 철수했다.
 1950년 10월경이었다. 그러다가 어느 때부터인지 정확히 모르겠으나 우리가 있는 진원면에 전투 경찰이 지서를 점령하고 광주로 철수하지 않고 있었다. 그해 11월 우리 가족은 숙의 끝에 연로한 아버지와 어머니 그리고 당시 국민학교 5학년이던 동생과 세 식구는 이웃 영광군으로 피신하고 형수는 해남군의 친정으로 가기로 했다.

  나는 형님을 따라 산속으로 들어가 이른바 빨치산이 되었다. 각자의 배낭에는 쌀을 가득 채우고 옷은 겨울철에 대비해서 많이 준비했다. 일행은 밤새껏 걸었는데 어디쯤인가 골짜기 입구에 이르렀을 때 여명이 밝아오고 있었다. 모두 지친 상태에서 인솔자가 모두 쉬게 하고 각자의 배낭에서 쌀을 한 주먹씩 꺼내 씹어 먹게 했다. 거의 탈진 상태였는데 그 한 줌의 생쌀을 씹어 먹고 나니 생기가 돌아 다시 걷기 시작했다.

  한참을 더 걸어 골짜기 깊숙이 들어갔다. 얼마 후에야 그곳이 전라북도 순창군 회암산 밑의 가막골이라는 것을 어른들에게 들어서 알았다. 여기저기 바위틈의 굴을 찾거나 급히 토굴을 만들어 여섯이나 일곱 명씩 들어가 낙엽을 깔아 잠자리를 만들어 잠을 자고 가끔 정찰 비행기가 나타나 낮에는 거의 밖에 나가지 않았다. 이미 낙엽이 많이 져서 몸을 숨기기 어려웠다. 그리고 낙엽이 완전히 지기 전 겨울이 깊어지기 전에 보급 투쟁에 나가야 한다면 나더러도 따라오라고 했다. 무슨 영문인지도 모르고 사람들을 따라가 산 밑 부락에 이르러 아무 집이나 들어가 쌀 등 갖가지 곡식을 닥치는 대로 배낭에 가득 넣어 오는 것이었다. 갑자기 들이닥치니 식구들이 파랗게 질려서 아무 말도 못하고 식량을 퍼 담아 가는 것을 지켜만 보고 있었다. 그 가족들이 한 곳에 몰려 앉아 공포에 떨고 있던 모습이 지금도 눈에 선하다.

  그렇게 해서 굴 속에서 겨울을 보내고 사월이 되니 파릇파릇 연두색 잎사귀가 나무마다 나오기 시작했다. 어느 정도 굴 밖에 있어도 사람의 형체가 드러나지 않았다. 다시 한번 더 멀리 보급 투쟁을 나갔다 왔다. 나뭇잎이 더 자라니 몸을 일부러 숨기지 않아도 된다는 안도감에 모두 생기가 돌았다. 그 무렵 유행성 열병이 돌았다. 우리가 있는 굴 속에서도 열병이 들어 밤새도록 신음하다가 새벽 역에 아무 소리가 없어 옆에 사람이 흔들어 보았더니 죽어 있었다. 죽은 지 얼마 되지 않아 체온도 그대로라며 체온이 내려가면 이가 모두 밖으로 나와 옆 사람에 옮겨와 그 유행병을 옮긴다고 하여 서둘러 시신을 밖으로 멀리 옮겨 갔다. 그 며칠 후 나에게서 그 열병 증상이 나타났고 사람들이 수군거리며 빨리 격리시켜야 한다고 했다. 나는 격리되어 조금 멀리 떨어진 개울가 산딸기 넝쿨이 우거진 그 밑에 자리를 만들고 낙엽을 긁어다 폭신하게 해주었다. 물은 그 옆의 개울물을 마시게 했고 하루에 한 번 주먹밥을 가져다주겠다고 했다.

그때는 총소리와 사람들이 웅성거리고 있어서 산짐승은 무섭지 않았고 가장 무서운 것은 국군이나 전투경찰이었다. 봄이 되어 연두색 잎사귀가 돋아나기 시작하니 숨고 도망가기도 좋다며 사람들의 얼굴에 안도감이 역력했다. 다행히 그 산딸기 넝쿨에도 연두색 잎사귀가 손톱만큼씩 무수히 자라나 있어서 밖에서는 잘 보이지 않아 그 무서운 국군이나 전투경찰에 발각될 염려가 없어 공포심이 덜했다.

밤에는 잎사귀 틈새로 무수히 반짝이는 밤하늘의 별들이 보였고 이름 모를 새들의 울음소리가 들렸다. 그 중에 특히 <u>호르르르, 호르르르</u> 하며 마치 호루라기 소리처럼 어찌 들으면 휘파람 소리 같은 새 울음소리가 유달리 많이 들려왔다.

그 새들의 울음소리에 산중의 그 외롭고 무서운 공포도 조금씩 가시고 잠들었다 다시 깨어났다 하면서 어느덧 날이 밝아 왔다.

그리고 3일째 되는 날 주먹밥을 가지고 온 사람이 이마를 짚어 보고 손목도 만져보며 열도 없어지고 정상이 피었다며 일어나 기자고 했다.

돌아가니 모두 반겨주었고 잘 견뎌 주었다고 칭찬해주었다. 이것저것 무섭지 않았냐고 물어보는 사람들에게 나는 그 새에 대해 물어보았다. 그 새는 휘파람새라고 했다. 이 봄에도 개나리 진달래 벚꽃도 피고 연두색 잎사귀가 산야를 덮고 있다. 망연히 바라보고 있노라면 비록 휘파람 새소리는 들리지 않지만 이상하게 내 마음에 안도감과 푸근함이 가득해진다.

어머니

"온갖 실패와 불행을 겪으면서도 인생의 신뢰를 잃지 않은 낙천가는 대개 훌륭한 어머니 품에서 자란 사람들이다."(앙드레 모로아)

나의 어머니 불러만 봐도 가슴이 아리고 그리워진다. 내가 여섯 살인가 일곱 살인가 마당에서 놀다가 눈에 티가 들어가 몹시 따끔거리고 아파서 눈을 비비며 울고 있자 부엌에서 달려 나오신 어머니가 내 눈의 눈꺼풀을 벌리고 혀로 핥아 주셨다. 그러자 그렇게 쓰리고 따끔거리던 눈이 금방 시원하기까지 했던 기억이 지금도 남아 있다.

초등학교 3학년이었던 추수가 끝난 늦가을 초저녁에 어머니가 마루에 돗자리를 깔고 무엇인가 준비를 하는 것 같았다. 초저녁잠이 많았던 나는 일찍 잠이 들었다. 그러다가 새벽녘에 잠에서 깨어보니 마루에서 조용한 목탁 소리와 함께 무슨 소리가 나서 나가보니 떡시루 밑바닥에 몇 둘금의 시루떡을 해놓고 그 위에 간장 담는 작은 사기 종지에 참기름을 부어 놓고 참종이 심지를 만들어 불을 밝혀 놓고 어머니는 하얀 소복에 두 손을 합장하고 연신 머리를 조아리고 있었고 인근 절에서 오신 스님은 경을 읽고 있었다. 자식들의 무병장수와 복락을 위해 그 뒤로도 해마다 그때쯤 하는 것을 보았다. 그 외에도 어머니는 새벽이면 우물에서 정화수를 길러다 장독대에 올려놓고 하늘의 별을 쳐다보며 축원하는 모습을 가끔 보았다. 특히 편식이며 입이 짧았던 나 때문에 어머니는 무척 애를 태웠다. 여름이면 삼계탕보다 마늘 계탕이 더 좋다며 양은솥에 작은 옹기 단지를 넣고 그 속에 닭을 넣어 삶는 중탕으로 오래 끓인 닭고기를 옆에서 어서 먹으라고 채근했다. 그러면 맛이 없어서 어머니는 한 점도 먹지 않으면서 나만 먹으라고 한다며 앙탈을 부렸다. 그러한 나를 항시 웃으시면서 달랬다. 그러나 어머니는 때로는 무척 근엄했고 무섭기까지 했다.

나보다 다섯 살 아래인 막냇동생을 괴롭히거나 주먹질이라도 하는 때에는 단번에 근엄한 표정으로 바뀌었고 평소에 지지리 말도 잘 듣지 않고 제멋대로인 나는 금방 기가 죽고 조용해졌다. 그것은 아버지를 제외한 집안 식구들도 마찬가지였다. 형님과 형수 그리고 머슴도 어머니 앞에서는 아무 말대꾸도 하지 못했다. 그러한 어머니가 광주에서 내가 중학교 다닐 때 토요일에 집에 가면 무엇을 먹일까 걱정이었으며 다음 날 특별식을 만들어 옆에 지켜 앉아 다 먹으라고 채근하였다. 그러고도 마음이 놓이지 않았는지 오래된 마을 앞 팽나무 밑에까지 나와서 광주에 가는 버스를 타기 위해 멀어져 가는 나를 가물가물 보이지 않을 때까지 서 있던 흰 저고리 검정 치마의 어머니 모습이 가끔 어제인 듯 떠오를 때가 있다.

어머니는 진사집 막내딸이었으나 무척이나 검소하고 부지런하였으며 특히 불쌍하고 가난한 사람들에게 많이 베풀었다.

우리 집에는 농사도 많았지만 누에도 많이 쳐서 해마다 명주베를 짰다. 하지만 아버지의 외출용 명주 한복 그리고 형님 한복도 내가 광주 하숙집에서 덮을 이불을 남색 물감을 들여 해주었을 뿐 본인은 단 한 번도 명주옷을 입은 적이 없었으며 명절이나 제사 때는 흰 옥양목 치마저고리 차림이었고 평상시에는 언제나 흰 저고리 검정 무명치마였다. 어머니는 잠시도 손에서 일감을 놓지 않았다. 긴 겨울밤 초저녁잠이 많았던 어머니는 새벽녘에 일찍 일어나 윗목에서 윙윙 소리를 내며 무명실을 뽑는 물레질을 하고 있었다.

농사철에는 쉴참 점심 쉴참 저녁밥을 형수와 동네 가난한 집 아낙네들과 늘 함께 했다. 특히 남에게 베푸는 것은 유별났다. 온 식구가 농사철 마당의 평상에서 아침밥을 먹고 있을 때 동네 가난한 사람이 일찍 오는 때가 있으면 어머니는 밥을 먹다 말고 "김 서방, 이리 와요" 하고 불러서 나 입맛이 없어 그러는데 "이것 와서 먹어요." 하며 얼마 먹지 않은 밥을 밥그릇 채 주었다. 그때만 해도 일제강점기 어려운 때라 그저 사양하지 않고 고맙다며 허겁지겁 먹었다. 그때 철없던 나는 어머니가 정말 입맛이 없어서 그러는 줄만 알았다. 먼 훗날 어머니는 그렇게 적게 먹고 며칠에 한 번씩 측간에 갔다는 것을 알았다. 늦은 봄보리가 누릇누릇 익어갈 무렵이면 으레 서너 명씩 떼를 지어 한센병 환자들이 대문 앞에 와서 구걸하기 위해 각설이타령을 하고 있으면 어머니는 지체 없이 나가 그들을 불러들여 평상에 앉히고 밥을 지어 먹였다. 그것은 아버지의 엄명이기도 하였지만 형수나 다른 사람을 시키지 않고 손수 하시며 싫은 내색을 하지 않았다.

 겨울이면 늦가을 처음 담근 배추김치가 맨 위에 하얗게 변한 우거지를 꺼내 물에 씻어서 잘게 썰어 하루 한 끼는 그것으로 밥을 했다. 물론 쌀을 아끼기 위해서였다. 우리 집에서는 그것을 김치 덖은 밥이라 했다. 나는 특히 그 밥이 싫어서 어머니와 늘 승강이를 했다. 그 밥을 하는 것을 언제나 형수 차지였고 부잣집에서 시집온 그는 어머니 듣지 않게 광에 항아리마다 쌀이 그득그득한데 이렇게 한다며 투덜거렸다. 그렇게 아낀 쌀을 어머니는 동네 가난한 사람들 특히 출산을 했을 때는 큰 함지박에 쌀을 담아 똬리를 머리에 받혀 이고 그 집에 갖다 주었다. 지금도 한 손을 머리에 이고 있는 함지박을 잡고 한 손은 치맛자락을 잡고 종종걸음으로 대문을 나서는 어머니의 모습이 눈에 선하다.

 가난한 친척들이 와도 그냥 보내지 않고 배낭에 쌀을 그득히 넣어 지워 보냈다. 후에 사상문제로 아버지와 형님이 집을 비울 수밖에 없을 때에도 비록 머슴은 있었지만 그 많은 농사를 어머니의 후덕 때문에 동네 사람들의 협조로 무난히 농사를 지을 수 있었다.

 내가 광주의 중학교에 다닐 때 어머니는 이미 초로의 노인이었다. 그런 어머니가 내가 학생복을 입고 학교에서 공부하는 모습을 그렇게 보고 싶어 했으나 다른 어머니들처럼 젊지도 곱지도 않고 좋은 옷도 입지 않은 어머니가 싫어서 한사코 못 오게 했다. 얼마나 섭섭하였을까 지금도 가끔 그때의 내 불효를 생각하면 절로 한숨이 나오고 가슴이 저리다.

1948년 여수 순천 반란사건으로 전라남도 지방에는 위수령이 발동되고 우리 집은 아버지의 사상문제로 더 이상 그곳에서 지탱할 수가 없어 가산을 정리하여 1949년에 전라북도 옥구군 미면이라는 곳으로 이사를 했다. 그곳은 간척지로 일본의 각 현에서 이민 온 일본인들이 거주하며 농사를 짓던 곳이었다. 넓은 간척지에 여기저기 띄엄띄엄 집단부락이 산재해 있었다.

나는 설이 지난 그 다음 일요일 새벽에 광주를 출발하여 군산역에 내려 다시 버스 편으로 면사무소 있는 곳까지 가서 물어물어 간척지 중간쯤에 있는 집에 처음으로 찾아갔다. 아침 겸 점심을 먹고 오후 2시쯤 다시 다음날 학교에 가야 했기 때문에 집을 나섰다. 날씨가 추웠다. 더욱이 간척지와 바닷바람이 세게 불었고 싸락눈까지 섞여 있어 나는 외투를 머리 위로 뒤집어쓰고 간척지의 쭉 뻗은 길을 따라 버스 타는 곳으로 걸어갔다. 그런데 조금 지나 자꾸 무엇인가 환청 비슷하게 이상한 소리가 들려 뒤돌아보니 흰 저고리에 검정 치마를 한 손에 잡고 한 손에는 무엇인가를 들고 나를 부르며 어머니가 오고 있었다.

나는 편식에 입이 짧아 아침 겸 점심을 많이 먹지 못했다. 어머니는 그런 내가 마음에 걸렸는지 내가 좋아하는 곶감과 대추를 접시에 담아 들고 와서 외투 주머니에 넣어 주며 가다가 먹으라고 하며 어서 가라고 연신 손을 내 저었다.

그것이 어머니와의 내 평생 마지막 설이었고 내가 중학교 3학년 2학기 때였다.

그 몇 달 후 6.25 전쟁이 나고 그해 십일월 우리 가족은 헤어졌다. 나는 형님을 따라 산으로 들어가 빨치산이 되었고 연로한 아버지 어머니 어린 동생은 전남 영광으로 피신했으며 형수는 친정으로 갔다.

그 다음 해인 1951년 늦은 봄, 피신처인 영광에서 어머니는 병으로 세상을 떠나셨다. 그렇게 새벽마다 정화수를 떠놓고 별을 쳐다보며 치성을 드렸던 자식들을, 몸채를 비롯해 사랑채, 잠실채, 그 안에 타작을 하는 넓은 안마당, 사랑방, 앞의 바깥마당 안쪽에 있는 넓은 채마밭, 바깥채마밭, 늦가을 추수가 끝나면 풍류를 즐기시던 아버지에게 해마다 찾아오는 이웃 광산군의 "쑥대머리"로 시작되는 춘향전의 '옥중가'로 유명한 임방울 명창의 창을 바깥마당에 멍석을 깔아 놓고 동네 사람들이 밤이 이슥할 때까지 듣던 그 넓은 집을 손수 관장하던 그 큰 살림들을 어떻게 차마 잊고 눈을 감으셨을까.

생각만 해도 가슴에 통곡이 북받쳐 오른다. 이제와 후회한들 무슨 소용이랴만은 가지가지로 철없이 속을 썩여 드렸던 나의 불효가 가슴을 후빈다. 창문 넘어 파란 하늘에 흰 구름이 떠 있다. 어머니의 소복 입고 합장하고 있는 모습이 잠깐 구름 사이로 보였다. 나도 이제 머지않아 어머니가 계신 그 나라로 가게 될 나이가 되었다.

어머니 그때는 이제껏 못다 한 효도를 꼭 다 하겠습니다.
어머니… 어머니….

아버지

나의 아버지는 남에게는 인자하다고 소문이 났으나 자식들에게는 너무 엄하여 우리들은 회초리로 종아리도 자주 맞았고 여섯 살 무렵 나는 무서워서 아버지 옆에 가지도 못했다.

한약방을 하시던 아버지는 침도 잘 놓으셨다. 밖에 나가 놀다가 발목이나 손목이 삐면 아버지가 무서운 침을 놔주셔서 더욱 무서웠다. 그러한 아버지에게 천자문을 배웠고 얼마 후인가 천자 중에서 500자를 외웠다. 천자문을 외우자 처음으로 칭찬을 해주시고 어머니에게 일러 선물로 콩을 볶아 주라고 하시었다. 그리고 이것도 배워야 한다며 언문도 가르쳐 주셨는데 천자문보다는 훨씬 수월했다.

어느 날 아침밥을 먹기 전에 "'구'에 기역을 더하면 무엇이냐"고 물으셔서 "국이요"라고 대답하자 "그렇지" 잘했다고 하시면서 부엌에다 대고 "민재 맛있는 생선국 많이 줘"라고 말씀하시던 것이 아직도 기억에 남아 있다. 먼 훗날에야 그것이 한글이라는 것을 알았다.

  다음 해인 1941년 나는 증도 초등학교에 입학했다. 그리고 그해 8월에 전라남도 장성으로 이사를 했다. 이사 오는 날 교장 선생님께 인사해야 한다며 아버지나 나를 데리고 교장실에 갔다. 교장 선생님은 아버지에게 매우 공손하게 인사를 하고 나에게도 앞으로 공부 잘하라며 공책도 두 권 주셨다. 장성에 새로 이사 온 집은 넓은 안마당과 사랑채 앞 바깥마당도 있었다. 머슴도 있는 중농이었으며 한약방까지 겸하고 있어서 비교적 유복한 편이었다. 추수가 끝난 늦은 가을에는 이웃 고을 광산군에 살고 있는 명창 임방울을 초청하여 바깥마당에 멍석을 깔아 놓고 동네 사람들과 밤새워 판소리를 즐기셨던 풍류도 아시는 아버지셨다.

  초저녁잠이 많았던 나는 밤중에 잠에서 깨어 그 처량한 노랫소리에 잠들지 못하고 뒤척이던 기억이 남아 있다. 그리고 먼 훗날에야 그 노래가 유명한 춘향가 중 쑥대머리라는 옥중가였다는 것을 알았다. 또한 가을이면 후줄근한 차림의 시골 아낙네 몇 사람이 팥, 참깨 등 햇곡식을 조금씩 이고 왔다. 아버지가 약값을 받지 않고 침도 그냥 놔주어서 고맙다는 사례였다.

  나는 2학기부터 그곳 진원 초등학교에 다니게 되었다. 이 학교는 일본인 교장이어서 총독부에서 지시한 대로 철저하게 조선글은 물론 조선말도 하지 못하게 했다. 학교에서는 물론이고 집에 돌아와서도 동무들과 놀 때도 담임선생님이 나눠준 조그마한 딱지를 조선말을 하면 한 장씩 빼앗기곤 했다. 토요일에는 그 딱지 검사를 하여 딱지를 많이 빼앗긴 학생은 선생님에게 종아리를 맞았다.

아버지는 내가 일본 글을 배우기 시작하면서부터 내 성적표는 보지 않고 공부를 어떻게 하는지 간섭하지도 않으셨다. 나는 점점 철저한 황국신민(皇國臣民)이 되어 갔고 빨리 학교를 졸업해서 소년지원병으로 들어가 천황폐하를 위하여 죽을 수 있는 신풍특공대가 되고 싶었다.

그러던 어느 날 1945년 8월 15일, 그렇게 이기고만 있다고 큰 소리치던 일본이 미국과 영국의 연합군에 항복했다고 했다. 나는 항복이 무슨 뜻인지도 잘 몰랐다. 그러나 다음날 아버지는 환한 얼굴로 장롱 속에 깊이 감추어 두었던 동국 역사책을 내놓으시며 무척이나 흥분해 있으셨다. 며칠이 지나자 아버지의 한약방으로 많은 사람들을 모으셨다. 나는 그제야 아버지의 내력을 어머니를 통해서 알게 되었다.

아버지는 어려서부터 한학에 입문하시어 근동에는 수재로 통했으며 열여섯 살에 3년 연상은 진사집 막내딸인 어머니와 혼인하였다. 면 소재지에 새로 생긴 초등학교에 상투를 자르고 입학해서 월반을 거듭하여 6학년이 되던 1923년 5월 1일 노동절에 학생들을 데리고 태극기를 흔들며 대한 독립 만세를 부르며 거리 행진을 하다 체포되어 감옥살이를 하셨다. 공범인 또 한 사람은 전향서를 쓰고 1년 감옥살이를 했으나 아버지는 아버지에게서 한학을 배우던 일본인 교장 선생님의 전향서를 쓰라는 간곡한 권유도 거절하고 2년의 감옥살이를 하셨다. 그 교장 선생님은 그 사건으로 일본으로 쫓겨 갔다고 했다.

우리 집에 모인 사람들은 모두 몽양 여운형 선생의 추종자들이어서 주로 몽양 이야기만 하였다. 1946년에는 미국, 영국, 소련

삼국 외상들이 모여 결정한 막부삼상회의 결정문을 나에게 외워 보라고 해서 외우면 모두 칭찬해 주시곤 했다.

그 다음 해인 1947년 7월 19일 몽양 선생이 암살당하는 일이 발생했다. 우리 집에 모인 사람들은 모두 민족주의자들이었는데, 그 당시 한민당과 이승만 박사가 주관하고 있던 독립촉성회에는 주로 친일파들이 많이 있어서 갈 곳이 없던 그들은 자연스럽게 박헌영의 남로당에 흡수되었다.

그 후 남로당이 미군정 당국에 의해 불법화되어 아버지는 약국도 못 하고 피해 다니는 신세가 되었으며, 다음 해에는 여수 순천 반란 사건이 일어나서 더욱더 탄압이 심하여 집에 있을 수가 없게 되었다. 그리고 6.25 전쟁이 나고 아버지는 잠시나마 피신 생활에서 벗어날 수 있었으나 다시 맥아더의 인천상륙작전 성공으로 인민군이 퇴각하게 되자 연로한 어머니와 아버지 그리고 어린 동생은 영광으로 피신하고, 나는 형을 따라 산으로 들어가 빨치산이 되었다. 형수는 친정으로 가고 누님은 몇 년 전에 출가하여 전라북도 부안에 살고 있었다. 피신해 있던 곳에서 1951년에 어머니는 병사하시고 누군가의 밀고로 아버지는 전투경찰대에 체포되어 어디에선가 죽임을 당하시어 시신은 물론 돌아가신 날짜도 알지 못하였다.

아버지는 어쩔 수 없이 남로당에 흡수되었지만 암울했던 일제 치하에서 어린 나에게 한글을 가르쳐 주셨던 철저한 민족주의자였다. 나를 이 세상에 있게 해주신 육친으로서의 아버지와 그리고 그 혹독한 일제 치하에서도 나에게 한글을 가르쳐 주셨던 민족주의자로서의 아버지가 존경스럽고 그립다.

더구나 시신도 수습하지 못하고 돌아가신 날짜도 모른 채 반세기가 훨씬 지났다. 무주고혼으로 구천을 헤맬 아버지의 원혼을 생각하면 저절로 한숨이 나고 눈물이 난다.

그리운 누님

나에게는 4년 연상의 누님이 있었다. 우리 6남매 중 유일한 고명딸이기도 한 누님은 근엄하고 현명한 어머니의 훈육과 천성이 선한 성품 때문에 퍽 정숙하고 현명했다.

태평양 전쟁이 한창일 때 갑자기 일본 군인들이 트럭을 몰고 어린 처녀들을 정신대로 잡아가려고 마을에 들이닥치면 어머니는 누님을 볏집 다발로 쌓아둔 볏짚 무더기 속에 숨기는 소동이 벌어지기도 했다. 그리고 얼마 후 일본의 패망으로 우리는 해방이 되었고 어린 제자들이 여운형 선생이 암살되자 박헌영의 남로당으로 갔으며 그 중에는 이십대 초반의 나의 형님도 있었다. 내 눈에도 어른들의 감격과 환희에 젖어 마을 앞 오래된 팽나무 옆 정자에 모여 기뻐하던 모습이 지금도 눈에 선하다. 그러나 우리 가정은 그로부터 일대 소용돌이에 휩싸였다. 1923년 당시 보통학교 육학년이던 아버지는 대한독립 만세 운동의 주동자로 대구형무소에서 2년간의 옥살이한 것이 알려지면서 아버지의 한약방에는 환자 대신 여기저기서 찾아오는 손님들로 늘 북적거렸고 무엇인지 모르지만 열띤 이야기들로 들떠 있었다. 그리고 1947년 여운형 선생의 추종자였던 아버지와 많은 동미군정의 남로당 불법화로 집에는 수시로 경찰들이 아버지와 형님을 체포하러 오기 때문에 집에 있을 수 없었다.

머슴은 있었지만 여자들과 어린 동생뿐인 형편에서 농사짓기가 퍽 어려웠으나 어머니의 평소 후덕 때문에 해 나갈 수 있었다. 그러나 1948년 여순사건이 일어나면서 날이 갈수록 탄압은 심해지고 더는 어찌할 수 없어 1949년 가산을 정리하여 타지로 이사하게 되었다. 그때 마침 누님의 중매가 들어와 급히 결혼을 시키게 되었고 아버지와 형님도 없었고 나는 광주에서 학교에 다녔으나 연락도해 주지 않아 그야말로 쓸쓸한 결혼식이었다. 다행히 매형은 매우 선량한 분으로 홀어머니에 외아들이었으며 살림형편은 보통이었다고 하였다. 다음 해에 6.25 전쟁이 나고 우리 집은 부모도 모두 돌아가 다음 해에 6.25 전쟁이 나고 우리 집은 부모도 모두 돌아가시고 형님은 산에서 죽고 재산도 모두 없어졌다. 결혼생활 겨우 일 년 만에 매형은 의용군에 끌려가 1953년 휴전협정이 체결되어 전쟁이 끝났는데도 소식이 없었고 누님 집에 의탁하고 있던 동생은 누님 시댁 어른들의 주선으로 서울의 어느 설렁탕집에 심부름하는 아이로 들어가게 되었다.

1957년 홀시어머니마저 돌아가시고 친정도 자식도 없이 혈혈단신이 된 누님을 시댁의 어른들이 주선하여 삼남매의 전실 자식들이 있는 홀아비에게 개가를 시켰다. 새 매형 되는 분도 평범하고 선량한 분이었다. 그 후 누님도 남매를 두어 모두 오남매의 자식들을 잡음 없이 잘 키웠으며 모두 성가를 시켰다. 누님 소생인 딸도 결혼시켜 삼남매의 손자들도 튼실하게 잘 자라고 몇 년 전에 매형이 작고하시어 그 딸의 집에서 장가들지 않은 막내아들과 함께 단란하게 살고 계셨다. 조카딸은 현명한 엄마 밑에서 자라 퍽 순박하고 친절했다.

어떤 연유로 내가 6개월 동안 누님을 찾아뵙지 못했는데 어느 날 조카딸의 다급한 목소리의 전화가 왔다. "삼촌 큰일 났어요, 엄마가 곡기를 끊었어요. 아무리 우리가 권해도 듣지 않으시니 빨리 와 주세요." 하며 울먹였다. 나는 급히 달려갔다. 조카딸이 들려주는 자초지종의 말은 며칠 전 아파트 거실에서 넘어져 엉덩이를 다쳐 일어나지 못하고 병원에 가시기를 온 식구들이 권했으나 나는 살 만큼 살았으니 병원에 가지 않겠다며 그날부터 곡기를 끊고 물만 마시고 계시다고 하였다. 나는 누님의 손을 잡고 진지를 드셔야지 자식들의 걱정을 덜어 주는 것 아니냐며 설득했으나 나는 77세가 되었으니 너무 많이 살았다며 더 이상 동생이나 자식들 신세를 지고 싶지 않으며, 더구나 나는 아무도 옆에 없이 피신처에서 쓸쓸히 돌아가신 부모님에 비하면 이렇게 동생도 옆에 있고 자식들도 앞에 있으니 얼마나 호강이냐며 끝내 듣지 않으시고 금식한 지 33일 만에 운명하셨다. 운명하시기 전 딸에게 대전에 있는 선산 대신 가까운 왕방산에 수목장으로 해 달라고 유언하시어 화장하여 유골을 왕방산 중간쯤 왕산사 올라가는 길가의 안쪽 십여 미터의 아름드리 큰나무 밑에 유골을 묻었다.

나는 지난해에 큰 수술로 누님의 영면한 곳을 찾지 못해 휜

국화꽃을 들고 조카들과 함께 찾아갔다. 늦게 찾아온 것을 사죄하고 조용히 마음속으로 속삭였다. "누님 나도 언제일지는 몰라도 곧 누님 곁으로 갈 것 같습니다. 그때 뵐게요." 산에서 나와 길가에 세워 놓은 조카의 차를 타기 전에 몇 번이고 누님의 수목장터를 돌아보았다. 전철역까지 바래다 준 조카들의 손을 잡아주고 헤어져 전철을 탔다. 나도 모르게 눈물이 뺨으로 흘러내렸다.

가을

 벌써 가을이 깊어가고 있다. 어느새 그 울창하던 푸르름이 갖가지 색으로 변해 있다. 진한 노랑에서부터 자주색, 밝은 단풍색, 붉은색 등 참으로 현란하다. 이른 아침 산책길에 수북하게 쌓인 낙엽을 밟으며 걸으면 먼 추억들이 아련하게 나의 마음에 젖어 온다.
 1945년 해방되던 해 가을이었다. 들판은 누렇게 물들어 그야말로 황금물결이었다. 벼 베기를 시작한 논도 있었고, 아직 시작하지 않은 논도 있었다. 그때는 수리 시설이 잘되지 않은 곳도 많아서 큰 논에는 으레 논 귀퉁이에 둠벙*이 있었고, 비가 내릴 때 물을 담아 놓았다. 비가 내리지 않을 때는 두레로 그 물을 퍼 올려 마른 논에 물을 대었다.
 벼가 다 익어 물이 필요 없게 된 늦가을, 동네 사람들이 나와

---

* 웅덩이의 전라도 방언.

논 중간을 삽으로 파 제쳐서 조그만 수로를 만들어 논둑도 잘라 물이 잘 나가게 만들어 놓고 두레로 둠벙의 물을 퍼낸다. 여러 사람이 아침부터 다 퍼내면 바닥에 물이 조금만 고이고 붕어와 미꾸라지들이 우글거린다. 그러면 사람들이 손으로 양철통에 퍼 담는다. 우리는 떠들면서 신나게 구경을 했고, 그렇게 잡은 미꾸라지로 추어탕을 끓여 나누어 먹는다. 지금도 맛있게 얻어먹었던 넉넉한 그 민심에 기뻐했던 그 일이 잊혀지지 않는다.

추수가 끝난 깊은 가을 농한기가 시작될 때, 우리 집에서는 넓은 안마당 외에 사랑방 앞에 꽤 넓은 바깥마당이 있었다. 거기에 여러 개의 명석을 깔아 놓고 동네 사람들이 모여 앉아 새벽녘까지 소리꾼의 창과 고수의 북소리를 들으며 즐기고 있었다. 그 창이 춘향전의 옥중가였다는 것을 그 당시에는 몰랐고, 그 소리꾼의 이름이 임방울이라는 것은 독특해서 그 당시에도 알았다.

초저녁잠이 많았던 나는 새벽녘에 휘영청 밝은 가을 달이 창문에 비치고 잠에서 깨어 몸을 뒤척이는데 여전히 그 노랫소리는 들려왔다. 풍류를 즐기셨던 아버지는 해마다 그맘때면 그 소리꾼을 불러 동네 사람들과 같이 즐기셨다. 지금도 아련히 "쑥대머리 귀신 형용"으로 시작되는 옥중가락이 환청처럼 들릴 때가 있다. 그러나 1948년부터 사상문제로 아버지가 집에 계실 수 없어 그 소리 잔치도 없어졌고 가산도 몰락했으며 나는 1950년 10월 말경 형님을 따라 전라북도 순창군 회암산 밑의 가막골이라는 곳으로 가서 소위 소년 빨치산이 되었다.

낙엽이 지기 시작하고 12월 초에는 완전히 낙엽이 지고 비행기가 수시로 날아와 기관총을 쏘고 폭탄도 떨어뜨려 굴 속에

숨을 수밖에 없었다. 한겨울을 그렇게 보내고 봄이 되어 연두색 잎이 돋아나고 곧이어 온 산이 초록색으로 물들면 이제 살았구나 하는 안도감에 굴 속에서 나와 숲속을 마음대로 돌아다녔다. 그러나 그것도 잠깐, 봄이 가고 여름이 가고 가을이 닥쳐 낙엽이 지기 시작하면 비행기 폭격의 두려움과 굴 속에서 겨울을 보내야 하는 상상 때문에 찬란한 가을이 아니라 서러운 가을이었다. 그 가을에 너무 슬픈 소식을 들었다.

　전남 영광으로 피신해 계시던 아버지, 어머니 그리고 초등학생이던 어린 동생이 있었는데, 어머니는 그해 여름에 병사하시고 아버지마저 한약방을 하시면서 침술도 능하셨던 터라 피신처에서 생계 수단으로 침술을 하시다 찾아온 어떤 사람의 밀고로 전투 경찰에 잡혀가 처형되었다는 기막힌 소식이었다. 동생의 생사도 행방도 알 수 없었다. 낙엽이 지기 시작하는 파란 가을 하늘을 쳐다보며 하염없이 눈물을 흘리던 생각을 하면 지금도 슬프다. 그때는 재판도 없이 아무 때나 아무 데서나 처형하던 때라 지금까지도 아버지의 시신은 물론 처형 날짜도 알지 못하고 있다. 스스로 자신의 무능과 불효막심함이 가슴을 때린다. 그 후 5년 만에 서울의 한 설렁탕집에서 심부름하고 있던 동생을 만나 훌쩍거리며 우는 그를 달랬던 슬픈 기억도 떠오른다. 오늘도 아침 운동 나가서 걸으니 밤새 떨어진 낙엽이 바삭바삭 소리내며 밟힌다.

빅토리 선생님

 오늘도 여느 때처럼 아침 걷기 운동을 하기 위해 나갔다. 옛 공군본부 뒷산에 만들어 놓은 헬리콥터장에 한쪽 삼분의 일가량은 테니스장으로 만들어 놓고 그 나머지 터에 걷기 편하게 바깥쪽에는 트랙을 만들어 놓고 가운데는 넓은 잔디밭을 만들어 놓았다.
 아침 일찍부터 많은 사람들이 이 트랙을 걷는다. 나도 거의 매일 아침 사람들에게 섞여 이 트랙 위를 걷는다. 이렇게 여러 해를 걷고 있던 어느 날 우연히 먼 곳을 바라보고 걷는데 옆쪽 테니스장 너머 몇 그루의 플라타너스 나무들이 서 있고 그 중 가장자리에 있는 나무의 우듬지가 약간 비뚤어져서 영어 알파벳 브이(V)자를 하고 있는 것이 보였다. 걷다가 무심코 고개를 쳐들고 멀리 보면 그 브이자 우듬지가 눈에 들어오고 언제부터인가 그 우듬지의 브이자가 자꾸자꾸 날 추억으로 나를 빠져들게 했다.
 1948년 내가 중학교 이학년 때이다. 해방 후에 새로 생긴 학교라 광주의 호남동에 과거의 무슨 국민학교였는데, 건물이 허름하고 운동장도 좁았다. 그래서 새 교사를 광주의 계림동에 신축하여 이사했다. 새로 지은 교사는 먼저의 교사와 비교하여 훨씬 깨끗하고 컸으며 운동장도 매우 넓었다. 그해 가을 새 교사로 이사 온 기념으로 넓은 운동장에서 교내 운동회가 열렸고 각기 청군과 백군으로 나뉘어 목이 터져라 소리 지르며 응원했다.

그때 년 초에 새로 부임한 키가 훤칠한 영어 선생님이 계셨는데 여느 다른 선생님과 달랐다. 우리들은 그 영어 선생님을 괴짜 선생님이라고 별명을 지어 불렀다.

그 영어 선생님은 우리가 서로 "이겨라 이겨라 우리 백군 이겨라 또 이겨라 이겨라 우리 청군 이겨라" 하고 목청껏 외치고 있는데 우리 2학년 반 앞에 서시며 지금부터 자기를 따라 외치라며 주먹을 휘두르며 선창을 했다.

"빅토리 빅토리 브이 아이 씨 티 오 알 와이"라고 외치셨다. 우리도 따라 손뼉 치며 낄낄거리며 외치며 좋아했다. 그 후 우리들은 그 선생님을 빅토리 선생님이라고 불렀다. 그렇게 재미있게 학창시절을 보냈던 나는 6.25 전쟁이 나고서 가정 사정으로 친구들과 빅토리 선생님 그리고 정든 학교를 떠날 수밖에 없었고 기약 없는 긴 이별을 했다.

그리고 1956년 사고무친한 서울에 올라와서 천신만고 끝에 여러 일을 하며 한때는 남이 부러워하는 사업을 성취하여 환희에 젖어 기쁨을 만끽하기도 했고 또 실패의 나락에 떨어져 허우적거리기도 했다. 그리고 전혀 예기치 않았던 병고에 시달리다 기적적으로 살아나기도 했다.

그때마다 나 스스로 자기 자신을 이기기 위해 노력했고 그 일환으로 매일 만보 걷기 운동을 하고 있다.

오늘도 트랙을 돌며 건너다보이는 우듬지 브이자를 보면 주먹을 휘두르며 외치던 빅토리 선생님의 모습이 회상된다. 그러면 나는 스스로를 꼭 이기리라 다짐하며 팔을 더욱 힘차게 휘두르며 마음속으로 외친다.

"빅토리 빅토리 브이 아이 씨 티 오 알 와이 빅토리 빅토리 브이 아이 씨 티 오 알 와이"

탑선포(塔仙浦)

탑선포는 전남 신안군 큰섬 지도의 부속 도서로 제대로 된 선착장도 없는 작은 섬의 포구 이름이다. 연안 여객선이 지나다 여객이나 화물이 있으면 포구 가까이 정박하고 나룻배로 가다가 여객이나 화물을 받아 가지고 오고 또 탑승할 여객이나 화물이 있으면 승선시키는 곳이다.

나에게 그 탑선포는 여러 가지 추억이 어린 곳이다. 1949년 광주에서 중학교에 다니던 여름방학 때 아버지가 박헌영의 남로당에 가담하여 활동하다가 경찰에 쫓기어 거기도 비교적 큰 섬인 임자도에 피신해 계셨던 그 섬에 여객선을 타고 갔다. 아버지를 따라 바닷가에 낚시하는 데도 따라다니며 재미있게 보내다가 약 보름 후에 이웃의 작은 섬에 사시는 큰아버지 집에 가기 위해 여객선을 타고 탑선포에 가서 나룻배로 갈아타고 포구에 내려 조그만 언덕을 넘어가니 길가의 참외밭에 원두막이 있었다.

그 원두막의 젊은이에게 아버지가 올라가도 되느냐고 물으니 올라오시라고 웃으며 말했다. 아버지를 따라 나도 올라가고 아버지가 참외를 따오라고 하니 그 젊은이는 참외밭에 내려가 참외를 여러 개 따 왔다. 아버지는 참외 하나를 깎아 나에게 주시고, 참외밭 주인에게도 하나를 먹으라며 주고 아버지도 깎아 드시며 참외 몇 개를 가지고 갈 수 있게 잘 묶어달라고 하니 정성스럽게 묶어 주었다.

모처럼 원두막에서 아버지가 깎아주신 참외를 먹었던 것은 영원히 다시 못 올 아름다운 추억이 됐다. 다음 해인 1950년 6.25 전쟁이 나고 우리 식구는 모두 헤어졌다.

나는 형님을 따라 산으로 들어가 소위 소년 빨치산이 되었고 연로하신 아버지와 어머니, 초등학생이던 어린 동생은 전남 영광으로 피신을 했다. 다음 해에 아버지 어머니는 병사하시고, 어린 동생은 몇 년 전에 출가하신 누님 집으로 갔다.

그 후 형님은 산에서 죽고 나는 1953년 1월에 국군에게 포로가 되어 전남 광주의 빨치산 포로수용소에 수용되었고, 그해 7월에 휴전협정이 조인되고 빨치산 미성년 포로들은 무죄 석방하라는 대통령 특명으로 석방되어 갈 곳 없던 나는 여름방학 때 아버지와 함께 갔던 탑선포가 있는 그 섬으로 갔다. 고개를 두 개나 넘어 큰아버지집에 들어가니 너무나 의외인 듯 놀라는 표정들이나 특별히 반가워하는 기색은 아니었다. 부락은 황씨와 홍씨 두 집안 겨우 삼십 호가 사는 척박한 작은 부락이었다. 서로 인척간이었으나 육이오로 인해 서로 적대시하는 사이가 됐다. 그렇게 작은 부락이어서 나에 대한 소문은 곧 온 동네에 퍼졌다. 빨갱이 집안으로 가족이 몰살당하고 재산도 모두 없어지고 어찌어찌해서 혼자만 살아왔다고⋯.

　몇 해 전 여름방학 때 목화밭에 심어 놓은 참외 서리를 같이하던 가까운 친척들은 슬금슬금 곁눈질만 하며 가까이하지 않았다. 더욱이 농사일도 서툴고, 지게질도 잘하지 못하는 나를 못마땅하게 생각한 큰아버지의 노골적인 구박과 음식까지 차별하는 것에 더는 견딜 수 없어 그 무렵 한참 도서지방에 만들기 시작한 천일염전의 축조사업을 하기 위하여 와 있던 측량기사와 보조기사들이 묵고 있던 숙소에 찾아가 그 사업주에게 아무 일이나 시켜 달라고 사정했던 내 사정을 듣고 있던 사장은 이 사람들 밥을 해 줄 수 있느냐고 묻기에 시켜만 주신다면 하겠다고 선뜻 대답했다.

　그리고 그날부터 큰아버지 집에서 나와 그 사람들 밥을 해주기 시작했다. 한 달에 두 번은 빈 반찬통을 지고 사장을 따라가서 그 반찬통을 나룻배에 실어 그 여객선으로 옮겨 실어 주었다. 그렇게 해서 열 달 동안 한 달에 두 번 빈 반찬통을 지고 탑선포에 다녀왔다. 그때마다 그 참외밭의 원두막에서 아버지와 참외를 먹던 마지막이 생각나서 남모르게 눈물을 흘리곤 했다.

　염전 축조 일이 끝나고 나는 그 섬 맨 끝에 있는 몇 년 전에 만들어진 염전으로 가서 소금을 생산하는 염부가 되었다. 그 젊은 염전 주인은 서울대학교 약학대학을 나온 엘리트였으며 육이오 때 피난 나왔다가 정착하여 염전을 만들었다고 한다. 그 사장은 내 사정을 잘 알고 있었고 자기와는 전혀 반대되는 처지였으나 나에게 각별한 관심을 가져 주었고 그 섬에서는 신문 보는 사람이 없는데 목포의 자기 집에서 보는 신문을 버리지 않고 모아서 나에게 가져다주었다.

　나는 신문을 빠짐없이 찬찬히 읽었고, 그로 인하여 더 크고 넓은 세상이 있다는 것을 알았고 서울에 가겠다는 꿈을 키웠다. 그리고 드디어 1956년 서울에 가기로 작정하고 그 결심을 얘기했더니 내 신분과 처지를 아는 친척들은 하나같이 부정적이었다. 아는 사람 하나 없이 서울 가서 무엇을 하느냐며 만류하며 떠나올 때 큰아버지를 비롯한 친척들은 덕담 한마디 해주지 않고 매정하게 대했다.

　그런 중에도 인척지간인 홍씨 집안의 두 친구가 평소에 나의 처지를 알면서도 나를 가까이 대해 주었는데, 두 사람이 내가 섬에 떠나오던 날 얼마 안 되는 내 소지품 보따리를 들고 두 개나 되는 고개를 넘어 탑선포 포구까지 와서 여객선을 탈 때까지 기다리다가 언덕에 올라가서 보이지 않을 때까지 손을 흔들어 주었다.

　그 후 나는 사고무친의 서울에서 막노동부터 시작하여 길가 노점장사까지 하다가 중소기업도 운영하게 되었고 생업에 열중하다 보니 옛날 탑선포 언덕에서 손을 흔들며 작별한 친구도 잊고 있었다. 몇 년 전에야 성남에 한 사람은 십여 년 전에 죽고, 또 한 사람은 살고 있다는 것을 알고 내가 성남에 찾아가 가까운 남한산성에 올라가서 소주도 같이 마셨다. 연락을 자주하는데 어쩌다 연락이 늦어져 전화를 했더니 식도암으로 큰 수술을 했고, 곧 이차 수술을 한다고 하였다. 바로 성남으로 달려가서 수술 후 검진받고 나오는 그를 만났다. 그렇게 큰 수술을 하였는데도 모르고 있었던 것이 죄 지은 것처럼 가슴이 아팠고 탑선포 언덕에서 손을 흔들어 주던 모습이 새삼스럽게 떠올라 나도 모르게 눈물이 흘렀다.

망향

고향이 그립다. 가지 못하는 고향이 더욱 그립다. 수많은 실향민들의 고향 그리워하는 심정을 나는 알 것 같다. 내가 어렸을 때, 그러니까 1941년 국민학교 1학년 1학기까지 자랐던 그리운 고향이 있다. 그곳은 우리나라에서 제일 큰 천일염전이 있는 증도라는 섬이다. 그 옛날 그 섬에서 목포에 나오려면 나룻배로 중간에 있는 나의 큰아버지가 사는 섬으로 와서 다시 그 섬의 맨 끝까지 종주하여 목포에 가는 여객선을 탈 수 있었다. 그래서 웬만한 화물은 풍선(돛단배)을 이용했다.

나의 아버지는 앞으로 자식들 교육을 위해서는 그렇게 교통이 좋지 않은 곳에서는 어렵다는 생각에서 그때로는 상당히 먼 곳인 장성이라는 곳으로 이사를 했다. 나는 그곳에서 국민학교를 졸업하고 중학교는 광주에서 자랐다. 여름방학 때 두 번 큰아버지가 사시는 그 섬에 갔었다. 그러나 그 옆 큰 섬인 내가 태어난 고향은 한 번도 가보지 못하고 6.25 전쟁으로 인하여 부모도 돌아가시고 재산도 모두 없어진 상태에서 1953년 10월경에 포로수용소를 나와 큰아버지 집으로 찾아갔다.

그곳은 몇 년 전 방학 때 왔던 그때와는 딴판으로 변해 있었다. 같이 놀며 밤이면 남의 목화밭에서 일부러 심어놓은 참외서리도 같이 했던 또래의 사촌과 친척들이 나를 만나면 겨우 알은체만 할 뿐 가까이하지 않았고, 산에 땔나무를 하러 가도 자기들끼리만 가고 나하고는 어울리지 않았다. 그 무서운 현실에 나는 대인기피증이 생겼다.

다음 해 봄 나는 큰집을 나와 동네와 떨어진 야산에 염전을 만드는 기술자들이 있는 막사로 찾아가서 그들의 밥을 해주는 일을 하며 지냈다. 그러던 중 한번은 목포에서 반찬을 가져온 빈 반찬통을 다시 목포로 보내기 위해서 여객선이 닿는 탑선포라는 곳으로 지게에 빈 반찬통을 지고 가던 중 산모퉁이에 잠깐 지게를 받혀놓고 쉬고 있었다. 그때 저만큼에서 사람들 말소리가 들려 돌아보았더니 외사촌 형도 같이 오고 있었다. 조금 멀리서도 금방 알아볼 수 있었다. 나는 얼른 돌아서서 지게를 붙들고 고개를 지게 바싹대고 있었다. 다 지나가고 조금 멀리 사라진 후에야 천천히 가서 그 사람들은 이미 나룻배를 이용하여 여객선에 타고 나는 빈 반찬통을 나룻배에 얹어주고 돌아왔다.

그 염전이 다 만들어지고 기술자들도 떠나고 내가 밥을 해주는 일도 끝났다. 나는 다시 숙식에 제공되는 그 섬 끝에 있는 염전으로 가서 소금을 만드는 염부가 되었다. 그 염전에서는 내가 태어난 고향의 큰 섬이 바로 건너다보였다. 바로 건너다보이는 곳은 '구분개'라는 곳으로 박씨 성을 가진 네다섯 가구만 작촌

증도의 일출

해서 사는 곳으로 그곳에서 작은 고개 하나만 넘으면 내가 태어난 증동리라는 곳으로 300호가 넘는 넓은 곳이었다.
　지금은 분면이 되어 증도면 면소재지가 되었다. 그 빤히 건너다보이는 '구분개'는 오래전에 돌아가신 내 큰 형수가 태어난 곳으로 내가 이사 오기 전 해에 아버지를 따라 약혼 중이었던 큰 형수에게 놀러간 적이 있었다. 그 형수가 무척이나 나를 귀여워해 주시던 기억이 어제인 듯 선명하게 떠올랐다. 지금은 성은 기억나지 않는 '성준'이는 무엇을 하고 있을까. 장난감이 없던 그 옛날 우리 집 뒤 골방에서 고구마를 깎아 인형을 만들며 놀았고 늦은 여름이면 왕잠자리 잡기를 하며 놀던 기억도 새롭다.
　외갓집의 큰 마당 넓은 사랑채도 그리고 우리 집에 몇 번 왔던 외사촌 형들도 보고 싶었다. 그러나 이내 그 그리움을 접어야 했다. 내 처지를 다 알고 있을 그들의 싸늘한 눈빛들을 상상하니 모든 기억과 그리움이 사라져 버렸다. 그 다음 해 봄 그리운 고향도 외사촌 형들도 끝내 보지 못하고 서울에 왔다. 아는 사람도 없고 염전에서 조금 저축한 돈으로는 우선 방을 구하는 데 써버렸다. 그래서 막노동부터 노점장사까지 험한 일을 하면서 드디어 삼 년 후에는 종로 낙원시장 입구에 점포도 마련했다. 그리고 그해 큰아버지가 정해준 혼처에 가서 결혼도 했다. 소문은 지나치게 과장되어서 성공했다고 야단들이었다. 물론 이웃 섬인 내 고향에도 알려졌다.

　1970년 강원도에 세웠던 주유소가 정착이 되어 동생에게 맡기고 서울에 다시 와서 전문 건설업체를 세웠다. 큰아버지가 사시는 그 섬의 친척들이 일자리를 찾아 우리 회사에 많이 와서 과장된 소문은 더욱 많이 커졌다. 나는 더 크게 성공해서 고향에 꼭 가고 싶었다. 80년대에는 막내아들이 우리나라에서는 누구나 선망하는 서울대학에 들어가니 고향에도 그 소문이 또 퍼졌다. 나의 아버지가 독립 만세 운동으로 이 년간 옥살이를 끝내고 처가 동네로 가서 사설학원을 차렸었다. 그래서 고향에서는 그 할아버지에 그 손자라며 더욱 칭찬이 자자했다. 나는 아들을 앞세우고 고향에 가고 싶었다. 그러나 그 무렵 내 사업체가 유동성 부족으로 부도가 나 버렸고 망했다는 소문도 빠르게 퍼졌다. 그렇게 가고 싶었던 고향에는 갈 수가 없었다.

　지난해에는 모 방송국 광주지국에 있는 아들의 친구가 증도의 리조트를 예약해 줄 테니 부모님께 다녀오시라 한다며 아들이 내 의향을 물었다. 나는 일언지하에 거절하였다. 이렇게는 가고 싶지 않았다. 금의환향은 못하더라도 내가 꿈꾸고 있는 조그마한 것이라도 이루어놓고 당당하게 고향에 가고 싶었다. 그래서 나는 남들이 어리석고 실현 불가능하다고 비웃겠지만 나만의 꿈을 매일 꾸고 있다. 그 꿈을 이루는 날 고향에 가련다. 이 가을에도 먼 남쪽 하늘을 넋 잃고 바라보며 가슴 뛰는 꿈속으로 젖어든다. 그리고 망향의 서글픔을 오늘도 그 꿈을 꾸며 삭혀 본다.

자이언트

    자이언트는 1957년쯤 한국에 상영된 미국영화이다. 주연 배우는 그 유명한 '록 허드슨', '엘리자베스 테일러' 그리고 혜성처럼 나타난 젊은 신인 배우 '제임스 딘'이었다. 얼마 후에 요절한 '제임스 딘'은 많은 영화 애호가들의 안타까움을 샀다.
    영화의 줄거리는 광활한 서부 텍사스의 목장을 배경으로 펼쳐진다. 남자 주인공 '록 허드슨'은 그 목장의 주인이었던 누나의 죽음으로 막대한 목장의 상속자가 된다. 그런데 그 목장 집주인의 유언으로 많은 하녀들과 목동들에게 각각 얼마씩의 땅을 나누어 주었다. 새 목장의 주인이 된 록 허드슨은 하녀들과 목동들에게 땅값을 치러주고 땅을 모두 회수했다. 그러나 목동이었던 제임스 딘은 주인의 요청을 거절하고 땅을 갖겠다고 하여 그 땅의 주인이 되었다. 그리고 얼마 후에 불어 닥친 유전개발 열풍으로 그 땅에서도 유전이 개발되어 막대한 부를 얻게 되고 지방의 명사가 되었다.

나는 특히 이 영화 중에 제임스 딘이 주인의 요청을 거절하고 밖에 나가 자기 땅이 된 그곳에 가서 망루에 올라 넓은 땅을 바라보며 그 땅의 주인이 된 감격에 겨워하는 모습과 자기 땅을 확인하며 '저 텍사스'라는 주제곡의 은은한 멜로디에 맞춰 경계선을 뛰는 모습이 지금도 눈에 어른거린다.

내가 이 영화를 보며 감격한 것은 나 나름의 사연이 있었다. 1953년 10월 6.25 전쟁 중에 부모도 잃고 학교도 중학교 3학년을 끝으로 중단하고 재산도 모두 없어졌다. 의지할 곳 없던 나는 하는 수 없이 신안군 다도해의 한 낙도에 있는 큰아버지 집으로 찾아갔다.

그 섬에는 우체국도 없고 병원도 없는 곳이었다. 무슨 일이 일어나면 나룻배를 타고 면사무소가 있는 큰 섬으로 가야 한다. 만약 조금 센 바람만 불어도 바로 배가 움직이질 못해 발이 묶였다. 섬이지만 외부의 큰 섬에 둘러싸여 있어 어항도 없는 척박한 조금의 땅 밖에 없는 가난한 섬이었다.

설상가상으로 큰아버지 집에 양자로 가 있던 큰 형님도 징용으로 나가고 큰 집에는 그 당시에는 노년 축에든 환갑이 된 큰아버지가 유일한 농사꾼이었다. 내가 가서 측은해하면서도 새 일꾼이 생긴 것에 은근히 반기는 눈치였다.

약 보름이 지나고부터 우선 산에 가서 뗄 나무를 해오는 일부터 시켰다. 나는 몸도 그렇게 튼튼하지 못했고 지게를 져 본 일도 없었을뿐더러 산에 가서 나무를 해본 일도 없어 그 일이 너무 서툴고 힘들었다. 남들은 하루에 오전 오후 두 번씩 뗄 나무를 해오는데, 나는 점심때가 훨씬 지난 오후 3시경에야 겨우 한 짐을 다 채우지 못하고 돌아오곤 했다. 그러나 큰아버지는 한겨울 농한기에 할 수 있는 갖가지 일을 시키셨다. 그러면서도 항시 못마땅해 하셨다. 음력 정월 보름이 지나면서 보리밭에 퇴비를 지게로 저 날라 깔아주기 시작했다. 작은 고개 너머에 있는 보리밭에 퇴비를 지고 가는 지게질은 너무도 큰 고역이었다. 그리고 음력 2월이 지나면서는 논갈이를 시작하였다.

가끔 이웃 큰 섬에 사는 큰아버지의 외손자가 왔다. 나보다 두 살이나 아래지만 모든 농사일도 잘했고 쟁기질도 썩 잘했다. 그때부터 큰아버지는 기대가 무너지셨는지 구박이 심해졌고 밥만 축낸다고 하시면서 음식 차별까지 시작이 되었다.

음력 3월 초면 비교적 따뜻한 남쪽 섬에는 봄이 시작되어 우리 부락 앞에는 바다에 제방을 쌓아 바닷물을 막고 염전을 만드는 작업이 시작되었다. 마을 앞 야산에 염전을 만들기 위한 측량사들과 여러 명의 기술자들이 묶는 임시 숙소가 마련됐다.

나는 더 견딜 수가 없어 그 숙소에 찾아가 내가 할 수 있는 무슨 일이라도 시켜달라고 주인에게 사정사정했다. 주인은 딱한 듯 한참을 생각하더니 이 일꾼들 밥을 해줄 수 있느냐고 묻기에 시켜만 주면 잘하겠다고 응낙하고 거기에서 주인과 한 방에 자면서 밥을 해주기 시작했다. 처음에는 양은솥에 밥을 하는 것이 어려웠다. 까딱하면 밑에는 타고 위에는 쌀이 익지 않아 생쌀로 있었다. 그러나 얼마 지나지 않아서 물과 불을 조절하는 법을 터득하여 밥을 잘 짓게 되었다.

그런지 얼마 후에는 동네 인부들이 나와 측량사들과 기술자들의 지시에 따라 지게로 흙을 떠 나르며 염전을 만들기 시작했다.

나는 오전 오후에 나가 인부를 점검하고 다음 날 새벽이면 주인을 따라서 일어나 일꾼들의 전표를 작성하는 것을 도왔다. 전심전력을 다했다. 주인은 무척 부지런한 사람으로 새벽에 일찍 일어났다. 그러면 나는 주인이 깨우기 전에 주인을 따라 용수철처럼 튕겨 일어났다. 주인이 한 번도 나를 일부러 깨워본 적이 없었다. 나는 건강도 좋아졌고 주인의 신임도 두터워졌다. 중요한 물건을 두는 곳이 자물통과 열쇠는 나에게 맡겼다.

그런데 언제부터인가 나는 주인이 있는 사람이 되어 있었다. 어쩌다 부락에 나가면 만나는 사람마다 '너의 주인은 잘 있느냐?' 또는 '너의 주인 목포에서 왔느냐' 등을 물었다. 어떤 날은 목포 주인댁에서 가져온 반찬 빈 통을 지게에 지고 가면 '너의 주인 목표에 가나 보구나' 하고 묻곤 했다. 그러던 중 염전 축조가 끝나고 측량사들과 기술자들도 떠나서 내가 밥을 해줄 일이 없어졌다.

그곳에서만 만 10개월이 지나 섬 맨 끝에 있는 숙식이 가능한 다른 염전으로 가서 염부가 되었다. 염전 사장은 서울대학교 약학대학을 나온 엘리트였다. 육이오 때 피난 나왔다가 염전을 일으켜 사장이 됐다.

그 사장은 나에게 퍽 자상했고 내 처지를 조금은 알고 있었다. 그 사장은 목포의 자기 집에서 구독하는 신문을 버리지 않고 모아두었다가 염전에 내려오면서 나에게 가져다주었다. 동아일보였다. 나는 그 신문을 읽으면서 먹고 넓은 세계를 동경하게 되었다. 언제부터인가 뒷산에 혼자 올라가 서해 먼 수평선 너머로 떨어지는 낙조를 바라보는 일이 잦아졌다. 그리고 그 붉은 불기둥 속으로 멀리 지나가는 큰 배들을 보면서 언젠가는 나도 저 배들이 가는 곳으로 가고 싶은 꿈을 꾸며 가슴을 조였다.

그리고 다음 해에 염전 사장의 만류를 뿌리치고 서울로 올라왔다. 사고무친의 서울에서의 생활은 무척 힘들었다. 밥을 굶는 일도 있었다. 노동판에서 사정하여 미장공 조수 노릇도 했다. 한여름에 얼음과자 통을 메고 골목을 돌며 얼음과자 장사도 했다. 더위가 가시자 다시 노동판에 가서 일을 했다. 겨울이 닥쳐와서 노동일도 할 수 없어 남의 식당에서 심부름을 하고 있던 동생을 데려와 북아현동 산 위에 있는 무허가 집 방 한 칸을 얻어 자취를 시작했다.

그리고 그때에 미군이 머물고 있던 조선호텔 앞 북창동 거리에서 노점을 시작했다. 그로부터 7개월쯤 지나서 서울의 뒷길에서 흔히 볼 수 있었던 이동식 점포를 마련했다. 군대에서 전선을 감았던 통을 반으로 쪼개서 두 바퀴를 만들고 그 위에 판다로 만들었다. 속칭 딸딸이 구루마였다. 낮에는 앞의 위, 아래 문을 열어 각종 잡화를 진열하여 놓고 장사를 하고 밤에는 물건을 정리하여 안에다 넣어 위, 아래 문을 닫아 잠그고 밑에는 겨우 기어들어가 잠을 잘 수 있는 공간을 만들어 그 속에서 잠을 잤다. 낮에는 딸딸이 수레를 끌고 무교동 인도에서 장사를 하고 밤에는 지금의 교보빌딩 대각선으로 지금은 없어진 국제극장 뒷골목에 세워 놓고 잠을 잤다.

그때에 국제극장에서 상영된 영화가 자이언트였다. 나는 중학교 학생일 때도 영화를 무척 좋아했다. 낮에 동생에게 점포를 맡겨 놓고 그 영화를 두 번이나 관람했다.

그리고 밤이면 점포 문을 닫고 잠잘 수 있는 뒷골목으로 밀고 가면서 나는 이제 주인이 있는 사람이 아니라 비록 이동식 딸딸이 수레에 얹은 판자 점포이지만 내가 당당한 주인이라는 자부심과 그 뿌듯한 환희에 젖어 제임스 딘이 자기 땅을 확인하며 가볍게 달리던 모습을 흉내 내어 나도 가볍게 어깨를 실룩거리며 주제가인 '저 텍사스'를 흥얼거렸다.

나는 60년이 지난 지금도 그 주제가의 가사와 멜로디를 잊지 않고 어쩌다 가끔은 나 혼자 가볍게 어깨를 흔들며 조용한 소리로 불러 본다.

끝없이 넓은 이 땅 살기 좋은 곳
젊은 가슴 뛰게 하는 자유의 천지
오늘도 밝은 해가 나를 부른다.
정열의 텍사스
아름다운 텍사스
내 사랑하는 텍사스

직녀성

　직녀성은 오래된 노래 제목으로 여가수 백난아가 불러서 지금까지도 나이 든 사람들에게 애창되는 노래이다.
　나는 1948년 전라남도 광주시에서 하숙을 하며 중학교를 다녔다. 2학년이었다. 토요일이면 같이 중학교를 다니던 국민학교 동창생과 걸어서 집에 왔다가 다음날 일요일이면 다시 광주로 돌아가곤 했다. 지금은 광주광역시로 편입된 광산군 지산면과 비아면을 지나 장성군 진원면이 있었다.
　어느 토요일 그날도 우리는 장난을 치며 길가 밭에서 고구마를 캐서 밭두둑 잔디에 문질러 껍질을 벗겨서 먹기도 하고 무도 뽑아서 먹기도 하였으며 수숫대를 꺾어서 껍질을 벗겨 단물을 빨아먹기도 하였다.
　비아면을 지나 언덕 하나를 넘으면 동무네 집이 있는 평촌마을에 도착하였고 그 어머님은 언제나처럼 따뜻한 밥과 맛있는 반찬을 준비해 놓으셨으며 우리는 맛있게 먹었다. 특히 그 어머님의 파숙지(파김치) 맛은 너무 맛있어서 지금도 가끔 생각이 난다.
 그 동무의 마을에서 마을 하나를 더 지나 한참을 지나야 우리 마을이 있었다. 집에 와서는 조금 늦은 저녁을 먹었다. 다음 날 아침은 조금 먹고 점심은 어머님이 만드신 특별식을 먹어야 했다.
 나는 지독한 편식으로 소, 돼지 등의 육식은 전혀 먹지 못했다. 어머님은 북어찜 등 갖가지 음식을 만들어 놓고 옆에 지켜 앉아서 이것저것 많이 먹으라고 성화셨다. 그렇게 점심이 끝나고 광주로 돌아가기 위해 집에서 십리가 넘는 장성, 광주 간 국도가 있는 장성군 남면 분향리 앞의 버스정류장까지 걸어갔다.
 동구 밖까지 나오셔서 보이지 않을 때까지 서 계시던 검정치마 흰 저고리의 어머님의 모습이 지금도 눈에 가물가물거린다.
 장성에는 광주로 가는 버스는 하루에 두 번 오전, 오후에 있었다. 정류장에는 일고여덟이나 되는 사람들이 버스를 기다리고 있었다. 얼마 지나니 이슬비가 조금씩 내리기 시작했으며 평소보다 늦었는데도 버스는 오지 않았다. 꽤 많이 시간이 지나자 오늘은 버스가 오지 않으려나 보다 하고 투덜거리며 한사람 두 사람 집으로 돌아가고 있었다. 한참 뒤에 보니 어떤 신사 한 분과 나만이 앉아 있었다. 나는 무섭기까지 했다. 이슬비는 내리고 어두워지기 시작했으며 시골길 십리를 다시 돌아가기가 엄두가 나지 않았다.
 그때 그 신사분은 그 시절 흔치 않은 손목시계를 차고 있었다. 시계를 자주 보며 계속 하늘을 보시더니 건너편에 있는 내가 딱해 보였는지 어디서 왔느냐고 물으셨다. 저기 진원면에서 왔다고 대답했다. 그러면 진원국민학교 다녔냐고 다시 물으셨다. 그렇다고 대답하자 강창록 선생님을 아느냐고 다시 물으시기에 나의 국민학교 6학년 담임 선생님이셨다고 대답했다. 그분은 매우 반가워하시며 그 선생님이 자기 형님이라고 말씀하셨다. 나는 반갑고 기뻤다.

특히 그 강창록 선생님은 나의 국민학교, 중학교 9년간의 학교생활 중 유일하게 성함을 잊어버리지 않고 한자 성함(姜昌錄)도 아직까지 기억하고 있다.

1946년 국민학교 6학년에 소위 학급마다 자치회라는 것이 있어서 이런저런 발표도 있었고 토론 비슷한 이야기도 했다. 나는 반장을 비롯한 몇 안 되는 우등생 중의 한 명이었으며, 그 중에는 교장 선생님의 외동아들도 있었다.

그 시절 학생들은 무명천이나 광목천에 붓글씨로 이름을 써서 가슴에 달고 다녔다. 그런데 그 교장 선생님의 아들은 공부도 잘했지만 붓글씨도 잘 썼다.

어느 날 우연히 그 교장 선생님의 아들의 책상에서 여학생 두 명의 이름표를 보았다. 그 이름은 지금도 기억하고 있는 송공례, 김효순이라는 이웃 마을 여학생이었다. 물론 그때는 남학생, 여학생 반이 따로 있었다.

나는 그 다음 자치회 때 교장 선생님 아들이 여학생들 이름표를 써주었다는 것을 말해버렸다. 순간 학생들은 술렁거렸고 교장 선생님 아들은 교실을 뛰쳐나갔다. 그리고 가출해 버리고 다음 날 학교에도 나오지 않았다. 다행히 먼 곳으로 가지 않고 이웃 면에 있는 할아버지 집에 가 있었다. 그러나 담임 선생님으로서는 교장 선생님에 대해 입장이 난처하셨을 것이다. 다음날 방과 후 반장과 나를 교무실로 불러 팔을 들고 있으라는 벌을 세웠다. 그리고 밖으로 나가시면서 엷은 웃음기를 보이셨다. 지금 생각하니 철부지 어린애들 짓이라고 생각하시고 교장 선생님 아들이니 그냥 넘길 수 없으셨을 것이다. 그때 일이 떠올라 그분이 더욱 친근하게 느껴졌고 왠지 조금 전까지의 불안감도 가셨다. 그때도 이슬비는 여전히 내리고 날은 차차 어두워지기 시작했다.

그분은 저기 보이는 저 동네에 자기 집이 있다며 오늘은 버스가 오지 않을 것 같으니 자기 집으로 가서 자고 내일 오전에 같이 광주에 가자고 말씀하였다. 나는 그분을 그냥 따라갔다. 얼마나 지났을까 잠결에 가느다란 합창 소리가 들렸다. 잠에서 깨어 가만히 들어보니 신혼부부가 이불 속에서 조용히 노래를 부르고 있었다.

나는 그 애절한 멜로디가 너무 좋아서 자는 척하며 계속 들었다. 가사도 일부 외웠다. 나는 비교적 감수성이 예민한 편이어서 노래를 좋아했고 그때 유행했던 고향 만리, 신라의 달밤, 선창, 비 내리는 고모령 등 유행가들을 꽤 알고 있었으며 가끔 노래를 부르다가 형님에게 들켜 어린놈이 공부는 안 하고 유행가만 부른다며 꿀밤을 맞기도 하였다.

그 다음에 광주에 가서 축음기 가게에 들러 멜로디와 가사 일부를 흉내 내며 곡명을 물었더니 그 노래 곡명이 바로 백난아의 '직녀성'이었다.

나는 지금 그분의 성함도 잊었다. 아마도 어쩌면 지금쯤 하늘나라에 계실는지도 모른다.

그분들을 생각하며 이 글을 쓰다 보니 그 노랫소리가 환청으로 가느다랗게 들려온다. 나는 나도 모르게 가늘게 눈을 감고 조용히 따라 불러보았다.

낙엽이 정처 없이 날리는 밤에
꿈으로 아로새긴 정한 십년기
가야금 열두 줄에 설움을 걸어놓고
밤마다 그리웠소 울고 싶었소 ♪♬

십자당 약국

　이곳은 우리나라 남쪽 끝 목포 항구의 선창가 해안동에 1956년 초까지 있었던 약국 이름이다. 나는 이 약국에 1955년 12월부터 1956년 2월 초순까지 약 45일간 점원으로 있었다. 이 약국 주인은 내가 약 1년간 있었던 전라남도 신안군 사옥도의 옥파염전의 젊은 사장님이었으며 당시에는 드물게 서울대학교 약학대학을 졸업하여 약사면허를 가지고 있었다. 그리고 그 약사면허를 대여해 주기도 했다.
　그 사장님은 육이오 때 피난 나왔다가 정착하여 염전사업을 해서 성공한 상당한 자금력도 구비한 야심만만한 젊은 사업가였다. 가정환경도 좋아 당시 그의 부친은 법관을 퇴임하고 서울 을지로에서 변호사 개업을 하고 있었다. 그 사장님은 육이오 때 부모를 잃고 재산도 모두 없어졌으며 광주에서 다니던 학교도 중단했던 내 처지를 잘 알고 계셨다. 그래서 여러 가지로 깊은 배려를 해 주셨다. 한참 염전 성수기에 무거운 소금을 창고에 운반하는 힘든 일을 할 때에는 일부러 나를 염전 사무실로 불러 간단한 장부 정리를 시켰다. 그 당시 그 섬에는 거의 없었던 신문을 목포 당신 집에서 본 후 버리지 않고 모아두었다가 나에게 가져다주시기도 했다.

1955년 겨울이 되자 염전은 자연히 쉬게 되었다. 그해 12월 염전 사장님은 당신 약사 면허증을 대여해 준 그 약국에 나를 점원으로 취직시켜 주셨다. 그 약국의 남자 주인은 무슨 연유인지 모르나 그 당시 경찰서 유치장에 있었고 여주인 혼자 약국을 운영하고 있었다. 내가 점원으로 들어간 지 사흘이 지나고부터 자주 남편 일로 약국을 비웠다. 약국 앞에는 긴 해안도로가 있었고, 그 앞바다에는 부교로 되어 있는 많은 선착장에 있었다. 진도, 완도, 해남, 여수, 흑산도, 버금도, 하의도, 임자도 등 다수의 연안 여객선 선착장이 따로 따로 있었다.

내가 일하던 약국 바로 앞에는 제주도를 운항하는 황연호의 선착장이 있었고 그 배는 다른 연안 여객선의 두 세배나 커 보였다. 아침부터 이 거리는 선원들의 호객소리, 기적소리, 뱃소리, 각 상점들에서 나오는 시끄러운 소리들로 매우 소란스러웠다. 그런 속에 짐을 이고 진 손님들이 각종 약을 사기 위해 약국에 들어왔다. 그럴 때마다 여주인이 부재중이라 나는 약상자를 일일이 열어서 그 속에 들어 있는 사용설명서를 보며 용법과 용량을 가르쳐주고 어른과 아이를 구분하여 복용하는 것을 일러주며 약을 팔았다. 밖에서 들려오는 극성스러운 호객소리와 기적소리 속에 사람들은 빨리 약을 달라며 극성스럽게 소리를 치거나 심지어 욕까지 해대기도 했다. 그래서 나는 여주인에게 한가지 제

십자당 약국

안을 했다. 약국에 야전침대와 이부자리를 마련해주면 밤에 집에 들어가지 않고 약국에서 자면서 약상자를 뜯어보고 용법 등을 외워 약을 신속히 더 많이 팔 수 있을 것 같다고 간청했다. 그렇게 해서 바로 다음 날 저녁부터 일일이 약상자를 뜯어서 읽고 외우며 졸리면 자다 깨어 다시 반복해서 읽곤 했다.

그러던 며칠 후였다. 늦은 밤 그렇게 소란스럽던 바깥 거리가 고요해졌다. 간간이 먼 데서 은은한 뱃고동 소리만 들렸다. 문득 창밖을 보니 선창가에 늘어선 수박등 사이로 흰 함박눈이 펄펄 내리고 있었다. 그러자 불현듯 어릴 적 일이 떠올랐다. 국민학교 시절 이렇게 함박눈이 내리는 날이면 동무들과 소리치고 뛰어다니며 하늘을 올려다보고는 입을 벌리고 눈을 받아먹던 일, 눈이 더 많이 쌓이면 그 눈으로 눈싸움을 하던 행복했던 그 시절이 그리워 창밖을 하염없이 멍하니 내다보다가 그날 밤은 그냥 잠이 들고 말았다.

나는 그렇게 일주일을 약국에서 밤을 보내면서 각종 약의 연령별, 성별에 따른 용량, 용법 등을 익혔다. 그리고 10일 후부터는 나 혼자서도 모든 약을 다 팔 수가 있었으며 20일 후부터는 간단한 주사도 놔주었다. 지금 생각하면 아찔한 위험한 짓도 했다. 가루로 된 일본제 페니실린에 증류수를 주입하여 주사한 일도 있었다. 나중에 알게 된 일이지만 가끔 그 페니실린 주사로 쇼크사 한 일이 있었다고 한다. 반대로 재미있는 일도 있었다. 해양 선원들이 가끔 곶감 등 먹을 것을 사 들고 와서 야릇하고 어색한 웃음을 지으며 6개월 만에 상륙했는데 아내를 빨리 보고 싶다며 아내가 즐거워할 약을 부탁했다. 그 약은 일본제로 약명은 '요잉빙'으로 기억한다. 또한 그에 비해서 많이 괴로운 일도 있었다. 그 당시 목포에는 여수에서부터 저 멀리 제주도까지 그리고 다도해의 많은 섬까지 아우르는 넓은 상권이 형성되어 있었다. 그래서 목포에는 꽤 큰 몇 개의 약 도매상이 있었다. 30일 정도가 지나면서부터 나에게 약 도매상에 가서 약을 사오라고 했는데 각 도매상을 다니면서 약값을 일일이 물어보고 제일 싼 곳에서 사 오라고 일렀다. 나는 약 도매상에 가서 물어보고 그냥 나오려고 하면 너도 너의 주인 닮아서 물어보고만 다니는구나 하고 놀려댔고, 숫기 없는 나는 부끄러워 그냥 사 오곤 했다. 그러면 여주인은 여러 곳에 가보지 않고 한 곳에서 그냥 사 왔다고 짜증을 섞어가며 야단을 쳤다. 뛰쳐나오고 싶은 견디기 어려운 괴로움이었다.

  위험한 일도 있었고, 재미있는 일도 있었고, 괴로운 일을 겪으며 얼마 지나지 않아 약을 혼자서도 팔 수 있었고 간단한 주사 시술도 하였으며 약 도매상에서 약을 사오기도 하였으니 나 혼자도 약국을 운영할 수 있다는 은근한 자신감도 생겼다. 그것이 후일 무엇이나 두려워하지 않는 도전 정신과 실패해도 다시 일어나는 불굴의 정신을 가지게 된 원동력이 되었는지도 모르겠다. 그러나 내가 점원으로 들어간 45일쯤 되는 1956년 2월 초순경에 그 집의 가정 사정으로 약국 문을 닫게 되었다. 나를 소개시켜 점원으로 있게 했던 그 염전 사장님은 면허 대여 관계로 그 여주인을 만나서 나에 대한 어떤 얘기를 들으셨는지 모르겠지만 다시 염전으로 가지 말고 그냥 자기 집에 있으라고 하시며 방도 따로 하나 마련해 주셨다.

훗날 알게 된 일이지만 자금력도 야심도 있던 그 사장님은 목포에 약 도매상을 열 계획이 있었다고 한다. 그로부터 그분 댁에서 침식을 하며 매일 아침 일찍 일어나 집 앞 골목길부터 큰 길까지 깨끗이 쓸었다. 큰 길에 나가면 전파상에서 아침부터 크게 음악이 울렸다. 그때 한창 유행하던 남인수의 '이별의 부산 정거장'이 왜 그리 구슬프게 들렸는지 지금도 아련한 추억으로 떠오른다. 그때 그 댁에서는 동아일보와 경향신문 두 가지를 구독하고 있었다. 오전은 신문을 읽고 있다가 조금 이른 점심을 먹고 시내로 나간다. 그러나 딱히 갈 데도 없고 아는 사람도 없어 그저 어슬렁어슬렁 시내를 배회했다. 그러다가 어스름 저녁이면 집에 들어갔다. 약국에서 근무할 때 여주인의 그 짜증 섞인 잔소리에 괴로웠고 당장 그만두고 싶을 때도 많았다. 하지만 막상 직장을 그만두고 시내를 어슬렁거리면서 느끼는 그 허전함은 참으로 더 견디기 힘들었다. 저녁에 들어가면 사모님은 밥상을 차려놓고 기다리셨고 내 방에 이부자리도 깔아 놓으셨다. 참으로 더 할 수 없이 친절하게 잘해주셨고 너무 큰 은혜를 입은 것 같아 몸 둘 바를 모르게 많이 부담스러웠다.

그러던 어느 날 동아일보와 경향신문을 차례로 보는 데 경향신문에 눈에 확 뜨이는 글귀가 있었다. 그때에 경향신문은 한문으로 된 신문 제호가 세로로 되어 있었고 그 밑에 조그마하게 '일일일어록'란이 있어 간단한 격언이나 금언이 적혀 있었다. 순간 나는 가슴을 찌르는 것 같았고 머리가 어디에 세게 부딪힌 느낌이었다.

며칠 후 섬에서 올라오신 사장님과 사모님께 저녁을 먹으면서 서울에 가겠다고 말씀드렸다. 사장님은 깜짝 놀라시며 아는 사람도 없는 서울에 어떻게 가려느냐며 서울에는 범죄도 많은 무서운 곳이며 특히 겨울에는 너무 추워서 방에 있는 잉크가 어는 때가 있다며 은근히 겁주는 말씀을 하셨다. 나는 추울 때는 이불을 뒤집어쓰고 웅크리고 있으면 견딜 수 있다며 가겠다고 하니 더는 만류하지 않으셨다. 그리고 4월 초에 낙도의 큰아버지께 하직 인사차 갔다. 친척들 집도 두루 들러 하직 인사를 했다. 그때에 그 낙도에서는 목포에 점원으로 취직만 해도 다단하게 여겼으며 그야말로 선망의 대상이었다. 그런데 그것을 뿌리치고 눈감으면 코 베어 간다는 서울이란 험악한 곳에 굳이 가겠다는 것은 들어오는 복을 차버리는 어리석은 짓이라고 핀잔을 주며 모두가 만류했다.

며칠 후 큰 집에 있던 간단한 소지품과 내가 쓰던 이부자리를 챙겨 가지고 마침 목포에 곡식과 장작을 싣고 가는 돛단배가 저녁에 떠난다기에 뱃삯을 아낄 겸 해서 그 배에 탔다. 배는 초저녁에 출발했다. 바람도 알맞게 불어 뱃전에 부딪치는 찰랑거리는 바닷물 소리만 들릴 뿐 흔들림 없이 잘 가고 있었다. 나는 선실에 내려가 잠깐 잠이 들었다. 그런데 얼마나 지났을까? 위 갑판에서 뱃사람들이 술렁거리고 있어 위로 올라가 보았다. 배는 앞으로 나가지 못하고 조금만 움직일 뿐이었다. 밤은 칠흑같이 어두웠으며 하늘에는 무수히 빛나는 찬란한 별들이 쏟아지는 것 같았다. 바람의 힘으로 가는 돛단배가 바람이 멎으니 가지 못하고 있었던 것이다.

이제 노를 저어서 가야 한다고 했다. 보통 작은 나룻배는 노가

한 개였으나 이런 큰 배에는 크고 긴 노가 배 양쪽으로 두 개가 있었다. 그리고 그 노는 두 사람이 서로 맞잡고 저어야 했다. 고요한 밤바다에 삐걱삐걱거리는 노 젓는 소리와 거친 숨소리만 들렸다. 나도 뱃사람과 노를 마주 잡고 힘껏 저었다. 무척 힘들었다. 그렇게 힘들게 노를 저으며 앞으로의 서울 생활도 이렇게 힘들 것 같다는 불안감이 가슴을 짓눌러 숨이 더욱 가빴다. 그런데 얼마나 지났을까? 새벽의 여명이 밝아 오기 시작했고 저 멀리 목포 항구의 불빛도 보이기 시작했다. 그러자 이제까지의 불안감이 사라지고 새로운 희망이 가슴 속에서 솟았다.

처음 고생스럽더라도 곧 좋은 일이 생길 것 같은 예감에 가슴이 뛰었다. 그리고 목포에 와서 사장님 내외분께 하직 인사를 하고 1956년 5월 초 목포에서 저녁 6시에 출발하는 서울행 기차를 탔다. 두렵고 설레는 마음으로 차창 밖을 내다보니 지난 몇 년간의 일들이 주마등처럼 지나갔다. 그리고 서울에 도착한 며칠 후 사장님께 편지를 올렸다. 그때부터 사장님을 선생님이라고 호칭을 바꾸었다.

　　선생님께

　선생님 내외분께서 베풀어 주신 은혜 참으로 감사했습니다. 저는 결코 선생님 내외분이 싫어서 떠나온 것이 아닙니다. 어느 날 경향신문의 일일일어록란에 "은혜를 입는 것은 자유를 잃는 것이다."라는 금언이 있었습니다. 사람이라면 당연히 입은 은혜에 보답하는 것이 도리인데 그러기 위해서는 스스로 자기 자유를 제약해야 되는 것이니까 괴로웠습니다. 그래서 더 큰 은혜를 입기 전에 떠나야 했습니다.

용서하십시오. 그리고 부디 건강하십시오.

불초 민재 올림

살구나무

지난 4월에 근린공원의 살구나무에 살구꽃이 만발했다. 그 살구꽃을 볼 때마다 먼 옛날 내가 씨를 심었던 살구나무가 생각난다.

나는 초등학교 1학년 때인 1941년 전라남도 신안군 지도면 증도라는 섬에서 전라남도 장성군 진원면 선적리라는 육지로 이사를 했다. 초등학교 1학년 8월이었다. 아버지를 따라가 교장 선생님께 학교를 떠난다는 인사를 하고 교장 선생님으로부터 앞으로 공부 잘하라며 공책을 선물로 받았던 기억이 난다. 나는 어른들에게 업혀서 바다에 떠 있는 돛단배에 태워져 어디인지도 모르는 곳에 와서 커다란 쇠뭉치 같은 곳에 태워져 낯선 육지인 장성으로 와서 대나무로 둘러싸인 마을에 넓은 시골집으로 이사를 했다.

그 몇 년 후 어머니 친정의 동생뻘 되는 아저씨네가 이사 왔다. 그 집에는 아주 큰 살구나무가 있었고 가끔 바가지에 갓난아이 주먹만 한 잘 익은 노란 살구를 가져와서 맛있게 먹었다. 그 외에는 아무리 먹고 싶어도 얻어먹을 수가 없었다. 시골 장날이 가까 워오면 장사꾼들이 와서 그 살구를 따서 가져가기 때문이다.

그러던 어느 해에 큰 바람이 불어서 살구가 많이 남새밭에 떨어졌다. 그렇게 떨어져 상처가 난 살구는 장사꾼들도 사 가지 않아 우리 집에도 큰 소쿠리에 담아 가져와서 실컷 먹고 배탈이 나기도 했으나 배탈이 가시면 다시 또 먹었다.

우리 집은 워낙 넓어서 안쪽에 큰 남새밭과 바깥쪽에 좀 작은 남새밭이 있었다. 안쪽 남새밭은 마당과 경계로 흙돌 담장이 길게 쌓여 있었다. 나는 마당 쪽이 아닌 안쪽 남새밭 담장 옆에 살구씨를 심었다. 그리고 날마다 바가지로 물을 떠다 그곳에 부었다. 그렇게 여름 가을 겨울이 지나고 그 다음 봄 어느 날에 파란 나뭇잎이 돋아나고 있었다. 나는 더욱 열심히 바가지로 물을 퍼다 주었다.

1947년 내가 중학교에 갈 때에는 이미 내 키보다 더 자라 있었다. 내가 광주중학교에 가면서 살구나무를 잊지 못해 하는 나의 마음을 눈치채신 어머니께서 너 대신 살구나무에 내가 꼭 물을 줄 테니 걱정 말고 가서 공부나 열심히 하라며 내 등을 떠밀었다.

그리고 1950년 6.25 전쟁이 났고 우리 집 식구들은 뿔뿔이 헤어져 부모님과 어린 동생은 장성군 옆의 영광군으로 피신했고 누님은 년 전에 전라북도로 출가하셨고 형수는 친정으로 가셨다. 나는 형님 따라 산으로 들어가 소위 소년 빨치산이 되었다. 가산은 모두 없어졌고 부모님은 피신처에서 모두 돌아가시고 어린 동생은 출가한 누님 집에 가 있었다. 그때 지리산 일대의 빨치산들은 완전히 괴멸되었고 형님은 총살당했다.

무장도 하지 않은 비무장 빨치산들은 이리저리 쫓기다가 죽거나 포로가 되었다. 그때 1953년 1월경 나도 포로가 되어 광주에 있는 포로수용소로 왔다. 그해 7월 27일 휴전협정이 체결되어 이승만 대통령의 특명으로 미성년 빨치산 포로들은 모두 무죄 석방되었다.

그러나 나는 내가 살던 가까운 장성으로 갈 수가 없었다. 석방되기 몇 달 전 포로들이 준법회의 재판을 받으러 헌병들 호위 하에 군법회의장으로 가는데 저만큼 앞에 같은 부락에 살던 초등학교 이학년 선배이면서 그 부락에서 광주의 중학교에 다니던 나와 그 형 두 사람뿐이었다. 저만치서 오고 있는 그 형과 눈이 마주쳤다. 나는 너무 기쁘고 설레는 마음으로 그 형에게서 눈을 떼지 않고 갔다.

그런데 나를 뚫어지게 보면서 가까이 오던 그 선배가 돌연 얼굴을 휙 돌려버렸다. 나는 너무 황당했고 앞으로 내 삶이 저렇게 버림받을 것 같아 두려움이 가슴을 엄습했다.

막상 귀향증을 받아들고 보니 내가 살던 가까운 장성으로 갈 수가 없어 여름방학 때 갔던 신안군의 남도에 있던 큰아버지집으로 갔다. 거기에서도 괄시가 심해 1956년 서울에 올라왔다. 사고무친한 서울에서의 삶은 살구꽃을 감상할 여유가 없었고 십여 년 이곳에 정착한 후에야 아침 운동을 나가면서 살구꽃을 보게 되었고 가끔은 내가 심어놓고 늘 물을 주던 그 살구나무가 지금쯤은 거목이 되었을 것을 상상해 본다. 그리고 가끔은 그 살구나무가 보고 싶다.

들국화

　　나는 1947년 광주의 중학교에 입학하였다. 처음으로 등교한 날 시골에서 올라온 나와 비슷한 친구가 옆자리에 앉았다. 퍽 온순하고 또 잘생겼었다. 우리는 금방 친해졌고 다음 해 2학기부터 광주역 조역으로 있었던 그의 큰 형님 역관사에서 하숙을 하게 되었다. 거기에는 우리보다 삼 년 선배인 중학교 5학년인 그의 형도 한방에 있었다. 폐결핵을 앓고 있던 그 선배에게는 이불도 따로 먹는 음식도 따로였고 그 친구와 나는 한 이불을 같이 덮고 음식도 같이 먹었다. 그때의 우리 집 형편은 하숙비와 학비만 줄 뿐 내가 어떤 환경의 집에 하숙하고 있는지 누가 와서 볼 사람도 없었다. 그 후 1949년 초 그의 형은 이웃 극락강역 역장으로 승진 전근하게 되어 나는 친구 따라 그의 큰 형의 역장 관사로 따라가 하숙하게 되었다. 그 친구와 나는 매일 광주까지 기차 통학을 했다. 거기에는 방이 여러 개 있어서 작은형은 방을 따로 썼고 친구와 나는 한 방에 한 이불을 썼다. 오월이면 우리는 창문을 열고 시원한 바람을 맞으며 관사 마당을 둘러싸고 있는 라일락 꽃향기에 한껏 취하여 늦은 밤까지 지껄이며 놀았다. 거의 70년의 세월이 지났는데도 그 향기를 잊을 수가 없다.

그해 여름방학에 집에 갔다. 집에는 아버지와 형님도 없이 사랑채에 거주하는 나이 많은 머슴뿐이고 어머니와 형수, 누님 그리고 초등학교 4학년인 막내 남동생뿐이었다. 한밤중에 경찰들이 담을 넘어와 이방 저방을 손전등 불을 비추며 아버지와 형님을 찾았다. 너무 무서웠다. 그렇다고 하숙하는 그 집에 그러한 말을 할 수도 없었다.

여름방학이 끝나고 새학기가 시작되어 얼마 되지 않아 가을이 되었다. 그 친구와 나는 책가방을 던져놓고 극락강 언덕으로 달려갔다. 거기에는 노란 들국화가 지천으로 피어 있었고 국화의 짙은 향기가 너무 좋아 우리는 시간 가는 줄 모르고 들국화 노래를 부르다가 해가 뉘엿뉘엿 질 무렵에야 집에 들어갔다. 나는 그 순간에는 지난 여름방학 때 우리 집에서 겪은 무서움도 잊고 국화 향기에 취해 재미있게 놀았다.

다음 해에 6.25 전쟁이 일어나고 우리 가족은 모두 헤어졌으며 나는 형님을 따라 산으로 가서 빨치산이 되었다. 그리고 그 친구와 나는 기약 없는 긴 이별을 해야 했다. 그때에는 비무장 빨치산이 무척 많았고 그들은 항시 쫓겨 다녔다. 어느 가을날 그날도 쫓기다가 산중턱에서 잠시 쉬었다. 그런데 저만큼 노란 국화가 피어 있는 곳이 있었다. 나는 그곳으로 가서 그 산국화를 쓰다듬으며 극락강 언덕에서 있었던 그때의 친구 생각에 잠시 잠겼다. 그런데 조금 후 40대로 보이는 사람이 가까이 와서 앉으며 "동무도 꽃을 무척 좋아하나 보군" 하며 말을 걸었다. 그렇게 둘이서 꽃을 보며 얘기하고 있는데, 저쪽에서 "저것들 부르주아 근성을 아직도 버리지 못했다"며 손가락질을 하여 그 사람은 자기 자리로 가서 일행과 합류하여 떠나고 나도 우리 일행을 따라갔다. 나중에 들으니 그 사람은 어느 중학교 선생 출신이라고 하였다.

그 후 국군의 대토벌 작전으로 빨치산은 완전히 괴멸되었고 나는 1953년 1월 포로가 되어 광주 포로수용소에 있었다. 휴전협정 체결 후 미성년 빨치산 포로들은 모두 무죄 석방되어 그해 10월 갈 곳이 없던 나는 큰아버지가 살고 계시던 전남 신안군의 병원도 우체국도 없는 낙도로 갔다. 농사지을 일꾼이 필요했던 큰 집에 농사일을 할 줄 모르는 나는 매우 골칫거리였다. 큰아버지의 구박은 심해지고 음식 차별까지 있어 더는 견딜 수가 없었고 그때 한창 번성하던 천일 염전으로 가서 염부가 되었다. 다행히 그 염전 주인은 그곳에서는 퍽 드물게 서울대학교 약학대학을 나온 엘리트였으며 나의 사정을 알고 무겁고 힘든 일은 가급적 시키지 않았다. 그렇게 염부 생활을 하다 가을 어느 날 점심을 먹고 밖에 나와 우연히 저쪽 산기슭을 보니 노란 국화가 피어 있었다. 나는 단숨에 달려가서 국화 옆에 앉아 들국화 노래를 같이 부르던 그 친구의 얼굴이 떠올랐고 그 향기는 해풍 탓인지 훨씬 더 짙었다. 그 가을 틈만 나면 산기슭에 가서 국화 옆에 앉아 있곤 했다. 그 다음 해에 서울에 올라와서 막노동부터 시작해서 1973년에는 중형 승용차도 가질 정도의 조그만 사업도 하고 있었다. 그때까지도 나의 가문과 나의 전력 때문에 고향 사람이나 학교 동창들도 일부러 나를 피하고 살았다.

그러다 우연히 어느 회사 사장 면회를 위해 대기실에 앉아 있는데 그 친구도 마침 그 방에 들어와 만났다. 우리는 서로 너무 반가워 손을 맞잡고 쉽게 놓지 못했다. 그날 우리는 만취한 채 우리 집으로 가서 양주까지 마시고 운전기사를 시켜 집까지 모셔드리라 이르고 헤어졌다. 그 후로 육이오 때 행방불명되어 죽은 줄 알았던 친구가 살아 있으며 그때 그리 많지 않던 중형승용차도 가지고 있다며 소문을 과장되게 퍼뜨려 재경동창회도 꾸려 정기적으로 모였고, 특히 그 친구와는 자주 만났다. 서예에 조예가 깊은 그 친구는 내 사무실 한쪽에 직원들을 위해 만들어 놓은 독서실의 현판을 자기가 직접 쓴 글씨로 두꺼운 판자에 양각으로 새겨 걸어 주기도 했다. 그러나 그의 부인은 항상 자기 남편이 나와 가까이 지내는 것을 못마땅해 했다. 고등학교 선생이었던 그 부인은 대학교를 졸업한 자기 남편과 겨우 중학교 3학년밖에 다니지 못한 나와 함께 다니는 것을 자존심이 상한다고 여겼고, 언젠가 인사동의 누군가의 서예전에 갔다가 술을 마신 후 그 친구가 자기 집에 가자고 하여 술김에 들어갔다가 정색을 하며 나가달라고 해서, 그 뒤로는 그 친구도 나도 다시는 그 친구 집에 가는 것을 입에 올리지 않았다.

그러나 우리는 밖에서는 자주 만났고 그러는 사이 그 친구는 두 무릎도 수술하고 점점 건강이 나빠졌다. 그의 집 근처 식당에서 점심도 같이하고 술도 가볍게 한잔하고 헤어지며 굽어진 허리에 지팡이를 짚고 한 손을 흔들며 헤어졌다. 그 후 나는 친구에게 전화를 했지만 신호는 가는데 받지 않아 그 식당을 찾아가 그 친구의 근황을 알아보았더니 어느 병원에 있다고 알려주어 바로 그 병원에 가보았더니 벌써 중증 치매 환자가 되어 있었다. 그 후에 다시 병원을 찾아갔더니 이미 다른 곳으로 옮기고 친구는 없었다. 그래서 그 식당에 다시 가서 친구의 근황을 물어보았더니 자기네도 전혀 모르고 있다고 하였고, 궁금하여 그 부인에게 물어봤지만 오히려 화를 내었다고 하였다. 그 뒤로도 나는 그 친구의 휴대폰에 수십 차례 전화를 했으나 통화가 되지 않아 안타까웠다.

나는 지난달 보라매공원에 가서 여기저기 피어 있는 노란 국화꽃을 둘러보며 사진도 여러 장 찍었다. 그리고 그 친구가 보고 싶어 자주 그 국화 사진들을 들여다본다. 며칠 전에는 친구에게 문자를 보냈다. "친구야, 그립고 보고 싶구나. 너와 같이 보던 만발한 국화꽃이 있는 보라매공원에 가서 나 혼자 앉아 국화꽃을 하염없이 바라보다 왔단다."

함박눈

 함박눈이 펄펄 내린다. 근래 이렇게 푸근한 오후에 함박눈이 내리는 것은 처음이다. 마치 수천만 리의 하얀 나비가 춤을 추는 것 같았다.
 이렇게 함박눈이 내리는 먼 하늘을 쳐다보고 있으니 불현듯 둥근 초가집 지붕들 위에 소복소복 쌓인 둥글둥글한 모습과 뒷산 푸른 소나무 위에 하얗게 덮인 그림 같은 모습 그리고 여름이면 초록 물결치고 가을이면 황금 물결치던 넓은 들판이 온통 하얀 은백색으로 덮여 있는 신비스러운 동화 같은 환상의 세계가 떠올라 한동안 멍하게 하늘만 쳐다보다가 문득 정신을 차려 보니 그것은 어릴 적 내가 살던 남도의 우리 마을 앞에서 본 설경이었다.
 푸근한 날씨에 함박눈이 내릴 때면 한약방을 하시던 아버지에게 어른들이 놀러와 약방문을 열어놓고 하늘을 보며 정월에 이렇게 서설이 내리니 금년에도 풍년이 들겠다며 즐거워하셨다.

그때 우리들은 동네 앞 큰 팽나무와 마을 정자가 있는 넓은 곳에 나와 고개를 하늘로 쳐들고 함박눈을 받아먹으며 깔깔거리고 뛰어놀다가 손으로 눈을 뭉쳐서 서로 던지며 눈싸움도 하고 나중에는 서로 협력하여 눈사람도 만들었다. 그러다가 내가 광주의 중학교에 다니면서 그런 놀이도 없었고 또 몇 년 후 6.25 전쟁이 나고 어쩔 수 없이 나는 가정 사정으로 형을 따라 산으로 들어가 빨치산이 되었다.

첫해에는 지리산에 붙어 있는 회문산 가마골이 소위 해방구라 하여 군인이나 경찰이 오지 못하여 굴 속에서 그런대로 지낼 수 있었으나 다음 해 겨울부터는 해방구도 없어지고 눈 덮인 산에서 쫓아오는 군과 경찰을 피해서 도망 다니면 눈 내리는 것이 그렇게 원망스럽고 지겨웠다. 어두워져서 군인과 경찰이 하산하면 이러저리 헤매다 아무 굴이나 은신처가 있으면 찾아 들어가 그때부터는 눈의 신세를 지게 된다. 냄비에 눈을 퍼 담아 돌을 괴고 불을 삭쟁이에 붙이고 녹여서 밤도 지어먹고 뜨거운 물도 마시며 눈을 단단히 뭉쳐서 동상에 걸리지 않게 하려고 발에 벌겋게 될 때까지 문지르기도 했다.

다음 해 겨울에 눈이 내리기 시작하면서 국군과 경찰이 다시 합동하여 대대적인 공비토벌 작전을 전개하여 지리산 일대의 모든 공비는 완전 궤멸되었고 나도 그해 겨울에 포로가 되었다. 포로수용소에서는 야전 천막에 백 명씩 포로들을 수용했으며 군용 야전 천막이어서 추웠지만 그래도 쫓기며 넘어지며 미끄러지던 눈 내리는 산골짝보다는 훨씬 안도감이 들었다.

그 후 1953년 7월 휴전협상이 체결되어 거제도에 있던 인민군 포로들은 서로 교환되었으나 토착 공비들은 범법자로 취급되어 포로라는 명칭도 없어지고 미성년자는 모두 무죄 방면되었다. 나도 석방되어 그해 10월 귀향증 하나 받아들고 갈 곳이 없어 전남 신안군 다도해의 조그만 섬의 큰아버지집으로 갔다. 그곳은 광주에 학교 다닐 때 두 번 가 본 곳이었다. 그곳에는 비교적 푸근한 날씨가 많았고 추수가 끝난 초겨울에는 산에 가서 땔나무용으로 베어낸 나무뿌리를 캐어오는 일을 하였으며 좀 더 깊은 겨울에는 염전의 제방보수 공사장에 농한기를 이용하여 농민들이 돈벌이를 하러 다녔다. 아주 많은 눈이 내리지 않은 날이면 농민들이 모두 나갔다.

그날도 조금 눈이 내리고 있었다. 큰아버지는 도끼눈을 치뜨고 다들 저렇게 돈벌이를 나가는데 멀쩡한 녀석이 집에 처박혀 있다며 지게에다 발채를 얹어 주며 돈벌이 나가라고 재촉했다. 많은 눈은 아니었으나 눈이 내리고 있었고 사람들은 열심히 바닷가에서 자갈을 주워서 지게 발채에 주워 넣고, 지고 가서 제방에 자갈이 침하된 곳에 뿌렸다. 나도 그 사람들처럼 그렇게 지고 가다가 지게질이 서툴러서 눈 내리는 바위에 발을 잘못 디뎌 그만 앞으로 넘어져 앞니가 깨지고 입술도 퉁퉁 부어올랐다. 같은 동네 사람들이 빨리 집에 들어가라고 재촉하여 집에 들어가니 큰아버지는 뭐 하나 제대로 하는 게 없다며 획 돌아앉으시며 끌끌 혀를 찼다.

다음 해 봄 나는 큰아버지 집을 나와 숙식이 제공되는 염전으로 가서 염부가 되었고 다음 해 겨울 염전이 끝나고 그 염전 주인의 배려로 목표의 선창가에 있는 약국에 점원으로 들어가게 되었다. 그 약국은 무슨 연유인지 남자 주인은 없었고 여주 주인만 있었다. 오전 9시경에는 각 선착장에서 호객행위가 시작되고 목포에 나와서 생필품을 사서 돌아가는 사람들이 일시에 몰려와서 약을 사 가는데 약을 모르는 나는 그저 돈 받아 주인에게 건네주고 또 주인이 주는 약을 손님에게 주는 심부름만 했다. 얼마 후 손님이 썰물처럼 빠져나가고 나면 주인은 허탈하게 한숨만 쉬며 한심하다는 듯이 나를 바라봤다. 그래서 나도 이대로는 견디기 힘들어서 사흘째 되는 날 주인에게 야전용 침대와 간단한 이부자리를 준비해주면 여기서 자면서 약상자를 열어서 설명서를 읽고 외워 약을 팔아보겠다고 제안했다.

주인은 반색하고 바로 그날 밤부터 준비하여 주어 계획대로 약상자를 하나씩 열어서 대인용과 소인용 또 용법과 용량 등을 익혔다. 그 다음 날도 여전히 설명서를 읽고 있다가 우연히 창밖을 보니 선창가에 쭉 늘어선 전신주에 쌍으로 매달린 수박 등 위로 함박눈이 펄펄 내리고 있었다.

한참을 넋을 잃고 보고 있으니 지난날이 생각났다. 신비스러운 동화 같았던 환상의 고향의 설경이며, 군인과 경찰에 쫓기며 그 원망스럽고 지겹던 함박눈이며, 눈발이 날리던 바닷가에서 지게 지고 넘어지던 슬픈 기억도 되살아났다.

다시 고개를 들어보니 이 모든 것들이 저 수박 등 위에 내리는 함박눈과 겹쳐 보였다. 다음 해 오월 서울에 올라와 너무나 생활이 고달파서 눈을 그렇게 감상할 마음의 여유도 없이 살았다. 오늘따라 내가 왜 이럴까? 창밖을 보니 함박눈이 아직도 내리고 있다. 나는 나도 모르게 아침 운동용 검은 모자 달린 점퍼를 뒤집어쓰고 말도 없이 밖으로 나와 함박눈을 맞으며 아파트 정원을 건넜다. 눈은 어느새 소복이 쌓여 발등까지 덮었다. 고개를 하늘로 쳐들고 함박눈을 입으로 받으려 했으나 입 가까이 와서 없어져 버렸다. 그렇게 얼마쯤 걷다가 단지 내 단골 약국에 들렀다. 나이 든 여 약사가 우산도 쓰지 않고 이 눈밭에 웬일이시냐며 마스크도 하나 주고 드링크도 하나 주었다. 그렇게 한참을 돌아다니다가 현관문을 열고 머리며 어깨에 내려앉은 눈을 털고 들어갔더니 아내가 어린 애도 아니고 늙은이가 이 무슨 청승이냐며 핀잔을 늘어놓았다. 그런데 오늘따라 그 핀잔이 아무렇지도 않았다.

설렁탕

지난 9월 28일 시민청에서 남영신 선생 주재로 자기 삶, 글쓰기 모임이 있었다. 각자의 글을 토대로 토론도 하고 의견 교환도 있었다. 퍽 유익한 시간이었다. 모임이 끝나고 우리 모두 시청 옆 무교동에 있는 설렁탕집으로 가서 저녁을 먹었다.

설렁탕은 소의 머리·내장·족·무릎도가니 뼈 등을 푹 삶아서 그 국물에 밥을 말아 먹는 전통음식이다. 설렁탕의 어원은 선농단에서 나왔다고 한다. 조선시대 동대문 밖에는 '선농단'이 있었다. 여기에서는 신농씨(神農氏)에게 농사가 잘되라고 제사도 지내고 비가 내리지 않는 가뭄에는 비가 오도록 기우제도 지냈다. 성종왕 때에는 임금이 친히 밭을 가는 친경의례를 행하기도 하였다. 이런 의례가 끝나고 마을 사람들이 가마솥에 밥을 하고 소고깃국을 끓여서 나눠 먹었는데, 여기에서 유래하여 이 음식을 '선농단'이라 하였고 설롱탕 등의 여러 가지 음운 변화를 거쳐 지금의 설렁탕이 되었다고 한다.

나는 지금도 잊을 수 없는 특별하게 맛있었던 설렁탕을 먹은 적이 있다. 때는 1956년이었다.

나는 이미 청년이었고 동생은 아직 미성년이었다. 그야말로 처참한 전쟁 고아였다. 동생은 6.25 당시 국민학교 5학년이었다. 갑자기 닥친 처절한 재난에서 겨우 목숨을 건져 출가한 누님의 집으로 찾아갔다. 그때 누님의 집도 여러 가지 사정으로 형편이 어려워서 있을 수가 없었다. 이를 딱하게 여긴 사돈의 주선으로 서울 원효로 입구 청파동 설렁탕집에 그릇 등을 나르는 심부름꾼으로 취직을 했다.

나도 6.25 후에 전라도 신안군의 어느 낙도에 있는 큰아버지 집에 의탁하게 되었고, 누님 시댁의 인편으로 1954년에서야 동생이 서울에 살고 있다는 소식을 듣게 되었다. 그리고 염전에서 소금을 생산하는 염부로 일을 하다가 그 일을 그만두고 1956년에 서울로 왔다.

그해 5월 목포에서 출발하는 서울행 6시 야간 완행열차를 탔다. 정확히 알 수 없는 아침 시간에 서울에 도착했다. 지금도 한강철교를 건널 때 덜커덩거리던 기차 소리 그리고 차창 밖으로 보이던 바다처럼 넓고 먼 한강의 잔잔한 모습이 눈에 어린다. 미지의 세계에 대한 두려움과 설레는 마음으로 용산역에 내려 물어물어 원효로 입구 청파동의 설렁탕집을 찾아갔다. 나를 보자 울먹이는 동생을 보고 선해 보이는 여주인은 금방 알아차리고 나를 2층 방으로 안내하라고 일렀다. 아침 시간이라 손님들이 있었고, 동생은 손님들에게 설렁탕을 나르느라 바빴다. 얼마 후 손님이 뜸해졌는지 동생은 이층으로 올라와 내 옆에 앉아서 훌쩍훌쩍 울었다. 조금 있으니 아래층에서 손님이 왔다고 빨리 내려오라는 주인의 부름에 동생은 허겁지겁 소매로 눈물을 훔치고 내려갔다.

세상살이 다 그렇듯이 어쩌다 동생이 조금 섭섭할 때도 있다. 그러나 그때의 일이 떠오르면 금방 잊혀진다. 잠시 후 주인의 호의로 난생처음 설렁탕을 먹어봤다. 나는 본래 육식을 별로 좋아하지 않는데다가 먹는 방법도 잘 몰라 특별하게 맛있는지 잘 몰랐다. 그리고 나는 지인을 만나 그와 함께 아현동 산 위에 염전에서 월급으로 모은 돈으로 사글셋방을 얻어 자취를 시작했다. 다음날부터 매일 나가 아무거나 닥치는 대로 날품팔이를 했다. 일이 없어 공치는 때도 있었다. 가끔 끼니를 거를 때도 있었다. 때로는 군용 건빵 한 봉지로 둘이서 끼니를 떼울 때도 있었다. 그런데도 한 번도 동생이 있는 설렁탕집에 가보지 않았다.

그러던 중 마침 식량이 떨어졌는데 아침부터 비가 내리기 시작했다. 그해 음력 단옷날이었다. 물론 우산도 없어 밖에 나갈 수가 없어 굶으며 방에만 있었다. 다음날도 가는 비가 내렸다. 꼬박 이틀을 굶고 사흘째 되는 날 비가 그쳐 무작정 집을 나섰다. 배가 너무 고프니 아무 생각도 없고 아무거나 배불리 먹고 싶었다. 그래서 숫기도 없는 내가 염치 불구하고 동생이 있는 설렁탕집으로 무작정 찾아갔다. 초라한 행색으로 가니 바로 알아차리고 그 여주인은 같이 간 지인 것과 함께 설렁탕 두 그릇을 가져오게 했다. 고맙다는 인사는 건성으로 하고 허겁지겁 금방 먹어치웠다. 그 이후 지금도 가끔 설렁탕을 먹을 때가 있다. 하지만 그때처럼 맛있는 설렁탕을 먹어 본 적이 없다.

이번 키움 모임에서 설렁탕을 먹으면서 이 글을 쓰고 싶었다. 그리고 그때 일을 생각하니 가슴이 울컥했다.

금가락지

나에게는 세 분의 형님들이 계셨으니 둘째 형님은 육이오 때 돌아가셨고 셋째 형님은 내가 태어나기도 전에 어려서 죽었고 그리고 특별한 첫째 형님이 계셨다. 그 형님은 아들이 없었던 큰아버지에게로 양자로 입양되어 나는 어려서는 한 번도 본 기억이 없어 얼굴도 모르고 자랐다. 전남 신안군의 섬에 살던 우리 집은 1941년 육지인 전남 장성군 진원면으로 이사 왔는데, 그때가 내가 국민학교 1학년 때였다. 형님은 그 전해에 결혼했다는 이야기를 어른들에게 들었다. 그때 일본은 조선의 젊은이들을 징병이나 징용으로 강제로 끌고 갔다.

그 형님은 징용으로 끌려가야 하는 나이였다. 1943년 내가 국민학교 3학년 때였다. 우리가 이사 온 장성의 우리 동네에는 울창한 대나무 숲이 있었는데, 그 대나무로 군수품을 만들어 일본군에 보냈다. 그때 징용을 피하기 위하여 아버지가 주선하여 그 군수품 만드는 공장에 취직을 시켰다. 형님은 그때부터 우리 집에서 기거하게 되었고 나는 처음으로 형님과 한방에서 함께 지냈다.

1940년 내가 국민학교에 입학하기 전해에 아버지는 나에게 미리 배워두라며 언문(한글)을 가르쳐주셨고 다음 해에 국민학교에 입학하여 일본 글을 배우기 시작하자 그때부터 내 공부에는 전혀 관심이 없으셨는데 한방에 함께 계셨던 형님은 자주 내 공부하는 것을 챙겨주셨다.

한번은 산수 숙제를 다 풀었다고 뽐내며 공책을 내밀었더니 이것도 틀렸고 저것도 틀렸다며 거짓말쟁이라고 가볍게 내 머리에 군밤을 주시던 일도 있었다. 그리고 그때 아마도 신혼 때라 고향에 두고 온 아내가 그리웠는지 노래를 흥얼거렸다. 그 노래를 여러 번 들어서 오랜 세월이 지난 지금도 기억한다.

"흘러가는 물결과 떠도는 구름 동서남북 나 홀로 헤매였건만 언제나 울고 싶은 나그네 심사아 떠나온 고향 잊을 수 없네"

그 형님이 집에 계시는 때에는 나는 곁을 떠나지 않았다. 그렇게 지내다 일본의 패전으로 8.15 해방이 되자 형님은 신혼의 아내가 있는 양아버지 집으로 다시 가셨다.

그 후 큰아버지가 새 마누라를 얻어 아들을 낳았고 연이어 딸과 아들이 태어나자 파양을 하고 형님을 분가시켰다. 욕심이 많았던 큰아버지는 어릴 적부터 힘을 다하여 재산을 키웠던 형님에게 집에서 멀리 떨어진 조그만 밭과 고개 너머에 있는 얼마간의 논을 주셨다. 오로지 지게밖에 운송수단이 없는 그 섬에서 형님은 그 농사일에 무척 힘들어했으며 어쩔 수 없이 1962년에 전라북도 군산으로 가산을 정리하여 이사했다. 그때 군산에는 일본인들이 경작하던 적산(敵産) 토지가 많아 비교적 좋은 토지를 구입할 수 있었다. 그러나 구입한 지 몇 개월이 지나 전라북도에서는 제일 큰 유명한 개정병원이라는 큰 병원도 가지고 있으며 농토도 많이 가지고 있는 지방 토호였던 그 주인에게 형님이 산 그 적산 토지를 모두 빼앗겨 버렸다.

소식을 듣고 내려가 보니 타관 객지에 먼저 이사 온 몇몇 인척은 있었으나 그 사람들은 아무런 힘이 없어 넋을 잃은 형님과 모두 망연자실하여 아무 말도 못 하고 한숨만 쉬고 있었다. 더구나 그 병원장은 집안도 벌족하여 전라북도 도청에 집안 조카들이 몇 사람이나 있다며 포기할 수밖에 없다고 하였다. 온 재산이 모두 없어진 그때 육남매나 되는 자식이 있었으니 형님은 사색이 되어 아무 말도 하지 못하고 계셨다.

나는 서울에 가서 더 자세히 알아보겠으니 기다려 보자고 말하고 서울로 올라왔으나 참으로 난감했고 울분이 터졌다. 다음 날부터 여기저기 지인들과 연락하여 당시 혁명정부 내각수반이었던 송요찬 장군의 비서관 한 사람을 알게 되었다. 한두 번 만나 식사도 하며 이런저런 이야기를 하다가 군산의 형님 이야기를 하며 당신들이 혁명을 한 것이 이런 약육강식을 하는 것이냐고 울분에 차서 이야기를 했더니 아직도 그런 일이 있느냐며 내일 당장 진정서를 작성하여 자기에게 달라고 하였다. 나는 진정서 초안을 대강 작성하여 대서소에 가서 정서를 하여 그 비서관에게 전했다.

그 후 이십여 일이 지나 형님에게서 연락이 왔다. 토지를 다 찾았다며 돌려줄 테니 다시는 뒷말이 없게 해달라며 오히려 사정하더라는 말씀도 하셨다. 얼마 후 군산에 내려가서 마침 이사 와 있던 인척들과 형님이 한 자리에 계셨다. 모두 얼굴에 화색이 돌았다. 그리고 그들이 형님을 부러워하며 옛날 속담에 "인왕산 그늘이 강동 팔백 리 간다"라는 말이 있다며 함께 기뻐하며 은근히 우리 형제를 부러워했다. 그 후 형님은 군산의 가산을 정리하여 다시 충남 공주로 이사하셨고 나는 해마다 구정과 형님 생신 그리고 부모님 제사와 추석날은 한 번도 빠짐없이 아내와 함께 갔었다.

그때마다 육이오 후 부모도 재산도 없어지고 학교 공부도 하지 못하고 혼자 서울에 올라와 고생고생하며 살아온 나를 대견해 하면서도 한편으로는 퍽 안쓰러워하셨다. 그리고 많은 세월이 흐른 후 내가 데리고 있던 조카가 독립하여 사업을 하여 상당한 재산을 이루었다. 그러던 중 내가 하는 사업이 무리하게 확장하다 부도가 나고 조카에게도 상당한 피해를 입혔다. 나는 형님께 내려가 사죄의 인사를 드렸다.

여느 부모들처럼 자식에게 피해를 준 동생을 꾸짖고 원망하련만 그런 말씀은 한마디 없이 오히려 나를 위로하고 어려울 테니 몸이나 조심하라며 얼마간의 용돈도 주머니에 넣어 주셨다. 나는 그 돈을 조금도 다른데 쓸 수 없어 바로 백화점에 가서 그 당시 유명 제품인 미제 소가죽 손가방 '쌤소나이트'를 샀다. 너무 좋았다. 좋은 유산으로 간직하고 싶었다. 그 후 몇 년이 지나 조카에게서 전화가 왔다. 형님께서 뇌출혈로 쓰러지셨다는 다급

한 전화였다. 급히 대전의 병원으로 달려가니 위급했으나 다행히 생명에는 이상이 없었고 몇 개월 후 의식은 회복했으나 거동이 여의치 않아 부부를 함께 노인 요양원에 모셨다. 나는 아내와 함께 자주 갔고 그 요양원에서 하룻밤 자고 오기도 했다. 그러나 결국 요양원에서 오년 만에 세상을 뜨셨다. 육이오 때 세상을 뜨신 부모님 임종도 못하였던 나는 갑자기 몰아치는 모진 바람을 막아주던 담벼락이 무너져 허허벌판에 홀로 서 있는 것 같은 외롭고 허전함에 가슴이 무너져 내리는 것 같았다. 장례를 치르고 형님이 사시던 집 가까운 야산 중턱에 매장하였다.

가까운 야산이나 멧돼지가 수시로 내려와 봉분을 훼손하는 일이 자주 있어서 걱정을 했는데 조카도 더 두고 볼 수가 없어 파묘하여 유골을 화장하여 대전공원묘역에 조성된 가족 묘지에 합장을 하겠다는 연락이 와서 내려갔다.

유골을 모시고 화장장으로 가서 화장을 끝내고 조그만 항아리에 형님과 형수님의 유골분이 담겨 나왔다. 나는 유골 항아리에 조카가 말리는 것을 아랑곳하지 않고 금가락지 하나씩을 넣어 드렸다. 그리고 두 번째의 형님과의 영이별이라고 생각하니 만감이 교차했다. 봉분을 끝내고 맑은 가을 하늘을 쳐다보니 인자한 형님의 얼굴이 떠올라 가만히 속으로 중얼거렸다. '형님 저세상에서 평안히 계십시오. 나도 머지않아 형님 곁으로 가겠습니다.'

제2부

삶을 **조망**하며

생각을 글로 **옮기다**

우리 국민이 자랑스럽다

나는 요즘처럼 내가 이 나라 국민임이 자랑스러울 때가 없었다. 1960년 4.19 때 종로2가 낙원시장 입구에서 과자 중간 도매상을 하고 있었다. 그 시절 동아일보와 경향신문을 주로 사보고 있었다. 신문에는 이승만과 자유당의 부정선거와 독재 그리고 부정부패상이 연일 보도되고 있었다. 그러던 어느 날 종로 큰길에서 '독재타도'를 외치며 지나가는 군중의 함성이 들려서 호기심이 좀 있었던 나는 동생과 점원들에게 점포를 맡기고 큰 거리로 나가 보았다.

학생들이 앞장서고 그 뒤에 일반 시민들이 따르고 있었다. 나도 모르게 그 시민들 행렬에 끼어 광화문을 지나 내자동 입구까지 따라갔다가 앞서가던 학생들이 경무대 앞까지 가자 갑자기 요란한 총소리가 들리고 사람들이 모두 도망치기 시작했다. 나도 사람들 틈에 끼어 정신없이 도망쳐 돌아왔다.

다음날 신문에 많은 학생과 시민이 죽고 부상당했다는 보도가 나고 시국은 몹시 뒤숭숭했다. 그리고 며칠 후 이번에는 대학교수들의 항의 데모가 있었고 그 얼마 후 신격화되어 있던 이승만 대통령이 국민의 뜻이라면 물러나겠다는 하야 성명을 내고 망명길에 올랐다. 하늘을 찌를 듯한 자유당 정권도 일시에 무너졌고 제2인자였던 이기붕 일가도 권총 자살로 비극적인 종말을 맞았다. 나에게 어떠한 확고한 의식은 없었지만 막연하게나마 이승만과 무소불위의 자유당 정권을 무너뜨린 국민의 힘이 무섭고 위대하다고 생각했었다. 그 후 나는 생업 때문에 지방에 있었으며 박정희 치하의 정보정치와 철권통치 하에서는 학생과 민중의 시위가 있었으나 그때마다 무참히 짓밟히고 좌절되고 말았다.

그러던 중 그 비극적인 궁정동의 10.26 사건으로 박정희의 독재정권이 종말을 고하는 듯했으나 곧 이은 군부 쿠데타로 다시 암울한 시대가 시작되었으며 다음 해인 1980년 5.18이라는 크나큰 비극적인 사태가 광주에서 일어났다.

계엄 하의 언론에서는 광주에서 폭도들이 경찰서의 무기고를 파괴하고 무기를 탈취하여 광주 일원을 장악하고 포악한 무법행위를 자행하고 있다고 대서특필하고 있었다.

그때에 일반인의 광주행이 통제되고 있었고 언론도 일일이 계엄 당국의 검열 하에 있었기 때문에 일부 언론의 보도와 갖가지 흉흉한 소문만 난무하였다.

그런 어느 날 거래처의 어느 지인과 점심 약속이 있어서 약속 장소에 나갔더니 어느 일식당의 조용한 방을 예약해 놓고 있었다. 그 지인은 평소답지 않게 낮술도 한잔하자며 내게도 권했다. 나는 아무래도 좀 이상해서 무슨 연유인지 물어봤더니 자초지종

이야기를 했다.

　자기 아내가 광주사람인데 엊그제 퇴근해서 집에 갔더니 아내의 고향 친구 사오명이 모여 앉아 대성통곡을 하고 있었다고 했다. 그들은 친정 조카들이 계엄군의 총격에 죽었으며 그 중 한 사람은 총검에 찔려 죽었다고 하며 동족끼리 이렇게 잔인할 수가 있느냐고 하며 울부짖고 있더라고 했다. 다소 감상적인 성격인 나는 같이 술을 마시며 울분을 토로했다. 특히 나에게 광주는 3년간 중학교 삼학년을 다니며 어린 꿈을 키웠으며 갖가지 추억이 있는 도시이다. 가끔 다니던 동방극장 광주극장 그리고 금남로에 있던 동무들과 만두를 사 먹던 그 중국집 일본식 단팥죽을 팔던 그 집들은 어떻게 되었을까 6.25가 지난 후 가보고 싶었지만 가보지 못한 그리운 광주였다. 너무도 가보고 싶어서 가까운 친구 두 사람에게 내가 여비를 전부 부담할 테니 현충일 휴일에 하루 여행을 다녀오자고 제안하여 부산을 거쳐서 여객선 편으로 여수로 가서 버스 편으로 오후 3시쯤에 광주에 도착했다. 우리는 당일 귀경해야 하므로 택시를 대절하여 여기저기를 다니며 기사에게 그때의 광주 상황을 물어보았다. 처음에는 경계하는 눈치였으나 차츰 시간이 지나자 우리끼리 얘기하는 것을 들으며 안심이 되었는지 어떤 건물 벽을 가리키며 저것은 계엄군의 총격으로 생긴 총탄 자국이며 도로변 인도의 보도블록이 쌓여 있는 곳을 가리키며 저것은 시민들이 시민군의 밥을 지어주느라 솥을 걸었던 곳이라고 일러 주었다. 그리고 묻지도 않은 여러 얘기를 해 주었다. 자기 친척 누구의 자제도 이웃 누구의 자제도 계엄군의 총격에 죽었고 저쪽 큰길에서는 여학생이 계엄군의 총검에 질려서 쓰러져 있던 곳이라고 일러 주었다. 그러면서 한편으로 광주 시민의 저항은 대단했다. 경찰의 무기고를 부수고 무기를 탈취해 무장을 했으면서도 군인과 경찰이 철수해 치안 부재의 상태 하에서도 단 한 건의 강도 약탈 살인 사건이 없었다며 분노 속에서도 자부심이 넘치는 모습이 역력했다.

이후에 전 세계가 경탄한 사건이었으며 2011년 유네스코 세계 기록 유산에 등재된 자랑스러운 사건이었지만 그때 우리는 단지 광주시민이 훌륭하다는 정도로만 인식했었다. 그리고 6.25 이후 최대의 국난이었다는 'IMF' 당시 금모으기에 남녀노소 많은 국민이 금브로치(brooch)를 들고 길게 줄지어 늘어선 모습에 전 세계가 찬사를 보내고 있을 때 나도 아이들의 돌반지 몇 개를 들고 그 대열에 끼어 있으면서 흐뭇해했던 기억이 난다.

나는 정치도 잘 모르고 더구나 정치인은 더욱 아니다. 그러나 김대중 씨는 정치인으로서가 아니라 우리 국민을 지극히 신뢰하고 사랑해 준 선각자로서 존경하고 감사하게 생각한다. 김대중 씨는 대통령에 취임하고 얼마 지나 일본의 대중문화 개방문제를 가지고 각료들과 문화계 인사들과 토론을 했다고 한다. 그 자리에서 일부 각료와 문화계 인사들이 심각하게 반론을 제기했다고 한다. 일본은 일찍부터 서구 선진문화를 받아들인 문화선진국임을 내세워 우리 문화가 잠식되고 고사 할 수도 있다고 우려하였다고 한다. 그러나 김대중 씨는 우리 국민은 유구한 문화민족으로 절대 동화되지 않고 위축되지 않을 것이라고 강력히 설득하여 결국 일본의 대중문화를 개방하였고 그 결과는 오히려 일본에 한류열풍을 불게 하였다. 다음으로 한일 월드컵 축구 경기에 광화문 광장 등 전국의 거리 응원에 대하여 일부 각료들과 관계자들이 영국 이탈리아 등 선진국들도 운동장에서의 흥분한 군중들의 난동에 곤욕을 치르는데 우리의 거리 응원은 시기상조의 위험한 일이며 이웃 일본도 거리 응원을 허용하고 있지 않다며 심하게 반대했다고 한다.

그러나 이번에도 김대중 씨는 나는 우리 국민을 신뢰한다며 거리응원 허용을 관철시켰으며 그것은 전 세계의 경이로움과 찬사를 받았고 우리 국민의 위대한 국민성을 세계만방에 자랑하는 결과가 되었다.

그때에 미국에 이민 가서 사는 아들과 전화가 되었는데 아들이 흥분하여 말하기를 이곳 교민들이 시와 협의하여 어느 광장을 빌려 교민들이 모두 모여 붉은 악마 티셔츠를 입고 그때 합창하며 손뼉 치던 대한민국 노래를 부른다고 하였다. 나는 즉시 두 손자와 아들의 붉은 악마 티셔츠를 사서 우편으로 보냈다. 그때의 가슴 뿌듯한 기쁨과 흐뭇함이 지금도 가끔 생각이 난다.

나는 이십여 년 전 함석헌 선생의 어느 글을 읽은 적이 있었다. 그 글에서 도산 안창호 선생이 중국 상해에서 일경에 체포되어 한국으로 압송되어 대전 감옥에 계시다가 일시 석방되어 평안도 정주에 있는 남강 이승훈 선생이 세운 오산학교에 오셨을 때 하신 말씀이 자기가 가장 잊을 수 없는 말씀이라고 하셨다. 도산 선생은 우리 백성은 참 훌륭하고 좋은 백성인데 정치가 잘못되어 이 지경이 되었다고 하시며 우리 백성에 대한 지극한 신뢰와 사랑을 말하시며 끝까지 낙망하지 아니한 것이라고 하셨다.

이번 광화문 촛불집회에 나는 이십 번 중 십칠 번을 참가했다.

첫날과 작년 12월 24일 성탄절 행사와 다음은 지독한 감기로 참가하지 못하였다. 특히 작년 12월 3일 가장 많은 인파가 몰린 날을 나는 아직도 잊을 수가 없다.

언제나처럼 연인들 중고등학생 대학생들과 유모차에 어린애를 태우고 나온 젊은 부부들 아들을 무등 태우고 나온 아버지들도 있었다. 도 거기에는 세월호 희생자의 넋을 기리는 노란 리본도 3년째 바람에 흔들리고 있었다. 나는 어린이들과 손바닥을 마주치며 장난도 치고 사진도 찍었다. 저녁 여섯시 반이 되자 촛불을 켜 들고 청와대 쪽으로 향하여 가는 행렬에 나도 끼어서 청와대 앞 백 미터 경찰차벽을 쳐 놓은 데까지 갔다가 모두 조용히 돌아나왔다. 끝없이 움직이는 물결치는 듯한 모습이 낮에 한강대교를 걸어서 건너며 보았던 잔물결을 일으키며 도도히 흐르는 한강의 모습과 같았다. 뭐라 형언할 수 없는 감동이었다.

그리고 마침내 3월 10일 헌재에서 대통령 탄핵 인용 결정이 내려졌다. 나는 흥분된 마음으로 그 다음 날 토요일 조금 일찍 2시쯤에 시청 지하철역에 내려 살벌하기까지 한 이른바 태극기 집회를 보다가 광화문 광장으로 갔다. 광장의 그 평화로움에 적이 안심이 되었다. 더욱이 우리 국민은 세계에서 유례없이 빠르게 산업화 민주화 또 정보통신 혁명까지 이뤘으며 이번에도 세계에서 유례가 없는 촛불 시민 혁명을 이루지 않았는가?

다소의 갈등과 분열과 상처도 곡 잘 치유될 것이다. 안도의 가벼운 발걸음으로 돌아오며 용산역에서 내려 한강 대교를 걸어서 건너 집으로 돌아왔다. 한강은 여전히 오후의 햇빛을 받아 반사되어 번들거리는 잔물결을 일으키며 도도히 흐르고 있었다.

나는 한강의 난간을 붙들고 한참을 그 도도히 흐르는 물줄기를 보고 있자니 지난해 12월 3일의 마치 이 잔잔한 물결처럼 도도히 흐르던 그 인파의 모습이 떠올랐다. 그 공간에 그 신간에 그 역사의 현장에 나도 함께 있었다는 것이 그러한 촛불혁명을 이룬 이 나라 국민의 한 사람이라는 것이 그렇게 흐뭇할 수가 없었다. 도산 안창호 선생이 그렇게 신뢰하고 사랑해서 끝내는 자기 목숨까지 바친 이 백성 그리고 김대중 씨가 끔찍이 사랑하고 신뢰해 마지않았던 이 국민.

  그들은 5개월간 이십 번의 매주 토요일에 연인원 일천육백만 명의 평화적인 촛불시위로 단 한 건의 사건 사고도 없이 현직 대통령을 탄핵해서 파면시킨 전 세계에 전무후무한 쾌거를 이룬 이 국민이 어찌 위대하고 자랑스럽지 않겠는가? 아, 너무 감격스럽고 자랑스럽다.

이름 있는 날

'이름 있는 날' 이 글은 시인이자 작가였던 모윤숙 씨가 1956년 경에 어느 신문에 썼던 글 제목이다. 설이나 추석 같은 이름이 있는 날은 고향을 잃었거나 고향이 있어도 갈 수 없는 사람들이나 부모 형제와 이별하거나 사별한 사람들에게는 쓸쓸하고 그리워 가슴 아픈 날이라는 내용의 글이었다.

우리 형제는 육이오로 인해 부모님이 돌아가시고 형님도 돌아가셨으며, 자식이 없던 형수님도 친정으로 가시고, 출가한 누님도 매형이 의용군에 끌려가 행방불명이 되었으며, 재산도 숟가락 하나도 없이 몽땅 없어졌다. 그때 나는 중학교 3학년이었고 동생은 초등학교 5학년이었다.

나는 어찌어찌해서 전라남도 신안군 다도해에 있는 사옥도라는 작은 섬에 큰아버지 집으로 갔고, 동생은 출가한 누님 집에 의탁하고 있다가 그곳 사돈들이 고아가 되어버린 불쌍한 아이라며 서울의 어느 설렁탕집에 보내 주었다.

나는 그 섬에 있는 옥파염전에서 염부 생활을 하며 조금씩 저축한 돈을 모아 1956년 봄에 서울에 왔다.

목포에서 저녁 여섯 시에 출발하는 야간 완행열차를 타고 지루하게 얼마쯤 오는데 날이 밝았다. 사람들이 웅성거리며 밖을 보면서 저것이 한강이라고 소곤거렸다. 광주에서 중학교를 다니며 영산강 지류인 극락강만 보았던 나에게는 끝이 안 보이는 바다 같았다.

미지의 세계에 대한 두려움과 설렘으로 가슴이 뛰었다. 용산역에 내려 물어물어 원효로 입구 청파동에 동생이 있는 설렁탕집에 찾아갔다. 아직 손님은 없었으나 주방에서는 분주하게 일하는 모습들이 보였고, 동생은 홀에서 청소를 하고 있었다. 카운터에 앉아 있던 여주인은 동생이 놀라며 내게 알은체하는 것을 보고 금방 알아차리고 2층으로 안내하게 했다. 그간 너무나 험한 일을 겪은 나는 눈물도 나지 않았으나, 동생은 계속 옆에 앉아 훌쩍거리며 울고 있었다. 손님이 왔다고 빨리 내려오라고 주인이 큰소리로 부르자, 손등으로 눈물을 훔치며 허겁지겁 내려가던 동생의 뒷모습이 너무도 애처로웠다. 아침 식사 손님이 다 돌아가고 난 후에 나는 난생 처음 설렁탕이라는 음식을 먹어 보았다.

그 후로 나는 염전에서 잠깐 만났던 사람과 아현동에서 자취를 하며 노동판에 가서 노동도 하다가 한여름에는 얼음과자 통을 메고 골목골목을 다니며 행상도 했다. 그리고 더위가 가시자 다시 노동판에 나갔다.

당시 서울에는 폭격으로 파괴된 집들이 많아서 새로 짓거나 수리하는 집들이 많았다. 나는 이곳저곳 건설 현장에 가서 사정사정하며 미장공, 조적공 또는 목수 등의 조수 노릇을 닥치는 대로 했다.

그 무렵 지금의 세종호텔 인근에는 피난민들이 2층 단독주택을 많이 짓고 있었다. 추석 전날까지 마지막 마감하던 날, 그 집 주인은 고맙고 수고했다며 오후 조금 일찍 끝내고 간단한 회식 자리를 마련했다. 그러면서 자기는 평안도에서 대지주였으며 토지도 모두 공산당에 빼앗기고 거기에 공산당의 박해가 점점 심해져 일사후퇴 때 맨몸으로 가족과 함께 월남하여 부산에서 갖은 고생을 하며 돈을 벌어 이 집을 짓게 되었다고 하였다. 우리가 부러워하자, 그는 한숨을 쉬며 "내일이 추석인데 그래도 당신들은 갈 수 있는 고향이 있지 않느냐"고 하면서 고개를 뒤로 젖히고 한동안 말을 잇지 못했다. 우리는 숙연하여 더 다른 말은 하지 못하고 위로하고 헤어졌다.

그 무렵 동생을 설렁탕집에서 데려와 서대문구 북아현동 산동네에 피난민들이 무허가로 지은 집에 방을 얻어 사글세를 주며 자취를 하며 지냈다. 충무로에서 북아현동 자취방까지 걸었다. 걷다가 언제나처럼 시청 쪽에서 서소문로 입구 쪽에 있는 평화신문사 앞에 유리 상자 속의 그날의 신문을 읽는다. 신문 살 돈을 아낄 겸, 거기를 지날 때면 꼭 읽었다. 다 읽고 서소문을 지나 천천히 아현동 고개에서 전차 길을 지나 굴레방다리 쪽으로 걸어 내려갔다.

추석이 다가오자 경상도, 전라도, 충청도 등지에서 건설 현장 등 각종 돈벌이를 하러 올라왔던 시골 사람들이 고향에서 추석을 보내기 위해 썰물처럼 빠져나가고, 점포를 닫은 곳도 많아 허전하고 썰렁하기까지 했다.

 아현동 고개에서 굴레방다리까지 가는 길 양쪽에 각종 가게가 있었고, 그 중 몇 개의 축음기 가게에서는 경쟁적으로 음악 소리가 들려 나왔다. 그 무렵 한창 유행하던 신곡 '백마야 울지 마라'라는 명국환의 나그네의 고향 그리는 노래가 구슬프게 울렸다. 갈 수 있는 고향도 없고 부모도 없는 나에게는 그 노래가 그렇게도 가슴에 아프게 파고들었다. 지친 몸을 이끌고 터벅터벅 자취방에 도착하니 동생이 밥을 지어 놓고 기다리고 있었다. 된장국에 김치 한 가지뿐인 저녁밥을 먹고 동생과 나는 쪽마루에 나와 앉아 마주 보이는 남산 쪽을 바라보았다. 조금 지나니 하나둘 별이 나타나기 시작하였고, 얼마 후 곧 둥근달이 떠오르기 시작했다.

 아직도 도시는 시끄러웠고, 전차 소리는 계속 들렸으며 아현 고개에서 마포 종점 쪽으로 내려가는 비탈길에서 전차 브레이크 마찰음이 끼이익 끼이익 길게 굉음을 내고 있었다. 떠오르는 둥근달을 바라보니 그 옛날 어릴 적 고향에서 추석 전날 있었던 일들이 눈앞에 떠올랐다. 어머님의 모습도 떠올랐다. 송편을 쪄서 채반에 얹어 광목천을 씌워서 장독대에 얹어 놓으면 어머니가 안 보시는 틈에 얼른 주섬주섬 송편을 주머니에 넣고 집 밖으로 뛰어나와 동네 앞 오래된 팽나무 옆 잔디밭에 동무들과 벌렁 드러누워 송편을 나눠 먹으려 찬란하고 영롱하게 쏟아지는 듯한 별들을 보며 자루 달린 것처럼 생긴 저 별이 북두칠성이고, 저 길게 늘어선 세 개의 큰 별이 삼태성이라고 떠들고 놀았다.

곧이어 둥근달이 떠오르고 달에 박힌 계수나무가 뚜렷해지자 우리는 구전으로 전해오는 달 노래를 불렀다.

> 달아 달아 밝은 달아, 이태백이 놀던 달아
> 저기 저기 저 달 속에 계수나무 박혔으니
> 금도끼로 찍어내고 옥 도끼로 다듬어서
> 초간 삼간 집을 지어 우리 부모 모셔다가
> 천년만년 살고 지고, 천년만년 살고 지고

그렇게 재미나게 놀다가 달이 중천에 높이 뜨고 밤이 이슥해져야 우리는 돌아갔다. 그때가 너무 사무치게 그리웠다. 우리 형제는 서로 아무 말 없이 언제까지나 앉아 있었다. 도시의 소음도 차차 줄어들고 통행금지 시간도 지나 전차 소리도 끊어졌다. 추석이면 가끔 그때의 일이 어제처럼 생각난다. 벌써 육십 년이 지난 오래전 일이다. 나는 이제 팔십을 훨씬 넘었고, 사남매의 자식과 팔남매의 손자 손녀가 있다. 얼마 전에는 옛날 아현동 고개에서 굴레방다리로 내려가는 그 거리를 걸어봤다. 지금 보니 도로가 매우 좁아 보였고, 가게들은 거의 단층이나 이층이었으며 가구점들이 전부였다. 그리고 그 옛날 그 노랫소리가 들리던 축음기 가게는 하나도 없었다. 길 건너에는 모두가 아파트 단지로 변해 있었다.

작년 추석에는 어린 손자 손녀와 같이 송편을 빚었다. 금년 설에도 만두를 같이 빚었다. 그러면서 돌아오는 추석에는 꼭 저희와 함께 다시 송편을 빚자며 손가락을 걸고 약속했다. 작년 추석에는 아이들이 늦게 돌아가 경황이 없었지만 금년 추석에는 아이들을 일찍 보내야겠다. 그리고 아내와 함께 안주도 싸고 소주병도 챙겨서 뒷산 공원에 올라 벤치에 앉아서, 옛날 고향의 별처럼 영롱하지는 않지만 그 별들을 쳐다보며 이어 떠오를 달을 올려다보리라.

아내가 따라주는 소주잔을 기울이며 그 옛날 듣던 고향 그리는 나그네 노래를 흥얼거려 보련다.

    백마는 가자 울고 날은 저무는데
    거치른 타관 땅에 주막은 멀다
    옥수수 익어가는 가을 들판에

    또다시 고향 생각 엉키는구나
    백마야 백마야 울지를 마라.

친구

　친구란 무엇일까? 일생을 살아가면서 참으로 많은 이런저런 친구가 있다. 어려서 같이 놀던 소꿉친구도 있고 학교에 다니면서 사귄 친구 그리고 사회에 나와서 알게 된 친구도 있다. 동고동락하는 친구라는 말이 있다. 그러나 즐거움을 같이 하는 친구는 많지만 고통을 당할 때 같이 괴로워하고 위로해 주는 친구는 과연 얼마나 될까?

　옛글에는 익자삼우(益者三友)요 손자삼우(損者三友)라는 말이 있다. 세상에는 이익을 주는 친구도 있고 손해를 주는 친구도 있다는 말이다. 나는 국민학교 1학년 1학기를 마치고 그 당시로는 먼 타향으로 이사를 해서 어릴 때의 소꿉친구는 한 번도 만나지도 못하고 모두 잊어버렸다.

　초등학교 때 친구와 중학교 때 친구 고향의 아는 사람들도 나의 특수한 지울 수 없었던 '레드콤플렉스' 때문에 일부러 기피하고 있었다. 그 모든 친구들 중에 가장 잊을 수 없는 친구가 두 사람 있었다. 그 한 사람은 지난번 글에 썼던 내가 가장 괴롭고 외롭고 곤궁할 때 나를 따뜻하게 위로해 주며 생기를 불어넣어 준 고마운 친구가 있었다. 그는 나에게 의형제를 제의했으며 그 후 그가 병으로 세상을 떠날 때까지 형제의 인연을 이어간 익자삼우 중의 한 친구였다. 지금도 명절이나 계절이 바뀔 때면 그가 하염없이 그리워진다. 그리고 또 한 사람 나에게 큰 마음의 상처를 준 친구가 있다. 내가 강원도에 세운 주유소가 정착이 되어 동생에게 운영을 맡기고 서울에 와서 새로운 사업을 시작하여 여기저기 다니다 보니 뜻하지 않게 의외의 장소에서 중학교의 동창을 만나게 되었다. 어느 회상의 사장을 면담하기 위해 갔던 그 회상의 대기실에서였다. 그 친구와 나는 헤어진 지 이십오 년이 지났으나 서로 한눈에 알아보았다. 그 친구가 '너 살아있었구나'하고 환호성을 지르면 내 손을 덥석 잡으며 눈물을 글썽이고 반가워했다. 특히 그 친구는 삼학년 때 광주역 부역장으로 있었던 그의 큰형 집에서 3년 선배인 그의 작은형과 한방에서 셋이서 나는 하숙생으로 같이 지내며 그와는 한 이불 속에서 잤고 선배인 그의 작은 형에게서 같이 기타도 배웠다. 얼마 후 그의 큰형이 광주 근처 극락강역 역장으로 전근하게 되어 나도 같이 따라가서 역관사에서 하숙하며 광주로 기차 통학을 했다.

  우리는 가을에 토요일이면 극락강 둑을 자주 거닐면서 노랑 하얀 보라색의 들국화의 진한 향기에 취해 들국화 노래를 부르기도 했다. 다음 해에 육이오로 인해 그와 헤어지게 되었고 나는 큰 난리를 겪은 후 큰아버지가 사시는 작은 섬에 가서 염전에서 일을 하면서 가을이면 잠깐 쉬는 사이에 들국화가 피어 있는 언덕으로 가서 진한 향기를 맡으며 그리워하고 보고 싶었던 친구였다.

우리는 서둘러 서로의 용무를 끝내고 나의 승용차로 지금은 기억이 나지 않는 어느 술집에 들어가 낮부터 술을 마셨다. 그리고 그 친구와 우리 집까지 같이 가서 집에서 또 술을 마셨다. 그 친구는 대취하여 택시편으로 귀가시켰다. 다음 날부터 그 친구는 서울에 있는 동창들에게 흥분하여 육이오 때 행방불명되었던 황민재가 살아 있으며 사업도 잘되어 중형 승용차도 가지고 있다며 과장되게 모두에게 알려서 다른 친구들도 만나게 되었다. 그 중에 김○○이라는 친구가 있었는데 해방 후에 일본에서 나와 광주에서 같이 학교에 다녔으며 그 친구는 우리보다 두 살이나 위였다. 그는 일본에서 자라서 우리말 억양이 어색했으나 공부도 잘했으며 문장력도 좋아 중학교 3학년 때는 친구들 연애편지 대필도 많이 해 주었다. 그와 내가 1학년 때 그의 집이 있는 광주 광천동에 나의 친척집이 있어 나는 거기에 하숙하였고 그의 집에 가서 가끔 자기도 하고 걸어서 학교도 같이 다녔다. 가정은 불우한 편이어서 의붓아버지 밑에서 학교에 다녔으며 성이 다른 여동생도 있었다.

내가 2학년 때 하숙을 옮겨서 그와는 더 이상 가까이 지내지 않았고 특히 나보다 위인 데다가 나는 체격도 왜소하여 늘 맨 앞에 앉았고 자연스럽게 서로 멀어졌다. 육이오 이후 그는 조종간부 후보생으로 들어가 조종사가 되었고 나와 만났을 때는 대령으로 진급하여 공군사령부 작전기획실 실장이 되어 있었다. 헤어진 지 이십오 년 후이며 정에 굶주렸던 나는 모두가 반가웠다.

그는 유독 나에게 자주 전화하여 만나자고 하며 자기가 자주 가는 일품 요리집에 가서 술을 마셨으며 매번 영관급 부하 두세 명을 데리고 나왔다. 술값은 번번이 내가 지불했으며 나중에는 응당 내가 지불하는 것으로 생각하고 모른척했다. 그렇게 지내다 보니 그의 방탕함이나 염치없음이 조금은 못마땅했으나 조금이나마 내가 경제적인 여유도 있어 모르는 체하며 부담했으며 자주 만나다 보니 그의 가정 사정도 알게 되었고 사별한 전처소생 삼남매와 재혼한 후처 소생 남매 그리고 후처와의 사이에서 태어난 여자아이까지 모두 육남매의 자식이 있어 어려움을 이야기하면 한두 번 얼마큼의 금품도 주었다.

　그렇게 하기를 반년쯤 지났을까 어느 날 나에게 자기 사무실에 구경할 겸 놀러오라고 하여 네가 나오면 되지 구경할 것이 무엇이 있겠냐며 거절하였다. 그러나 그는 끈질기게 몇 번이고 오라고 하여 날짜를 정하고 찾아갔다. 사령부 정문위병소에서 용무도 물어보지 않고 주민증과 출입증을 교환하여 주었고 나는 출입증을 목에 걸고 사령부 본 건물로 갔다. 건물 정문에서 다시 먼저의 출입증과 교환하여 새로운 출입증을 주었다. 작전기획실이 있는 지하에 내려가니 영화에서처럼 철창문에서 총을 멘 초병이 다시 먼저의 출입증과 교환하여 주며 작전기획실 문을 가리키며 들어가라고 손짓했다. 분위기가 으스스하고 꺼림칙한 기분이 들었다. 그 방으로 들어가니 꽤 넓은 방이었으며 몇 개의 책상과 소파도 있었다. 술자리에 친구를 따라왔던 낯익은 영관급 장교도 두 명 있었으며 벽에는 커다란 지도가 가득하게 붙어 있었다. 잠시 이런저런 잡담을 하다가 다음에 밖에서 만나기로 약속하고 나왔다. 그리고 얼마 후 또 자기에게 놀러오라고 하기에 번거롭게 왜 내가 거기에 가느냐며 거절하고 술 생각이 나면 네가 나오라고 하였더니 더는 놀러 오라는 말이 없었다. 그와 그렇게 만나면서 해가 바뀌고 1년 반쯤 지난 어느 날 아침 출근길에 집 앞 작은 도로를 나와 큰길에 내 승용차가 막 접어들었을 때 갑자기 검정 지프차가 승용차의 앞을 가로막았다. 그리고 곧이어 지프차에서 내린 건장한 사내가 내리라고 손짓을 했다. 영문도 모르는 나에게 그는 신분증을 제시하며 자기와 같이 가야 하니 승용차는 그대로 사무실로 보내라고 하였다. 신문이나 소문으로만 듣던 상황이 갑자기 나에게 닥치니 공포에 당황하여 신분증 확인도 못하고 어디로 가는지 물어보지도 못하고 지프차에 탔다.

　육이오 후의 스스로의 행적을 돌아보아 특별히 어떠한 혐의를 받을 만한 행동을 한 적이 없어 다소 마음은 가라앉았으나 여전히 불안함은 가시지 않았다. 가다 보니 차는 남산 쪽으로 가고 있어 더욱 겁이 났다. 중앙정보부는 아닌 어느 이층 건물로 들어갔고 바로 지하실로 안내되어 어느 방으로 들어갔다. 방에는 책상 하나를 마주하고 의자 두 개가 있었으며 구석에는 몽둥이도 있었고 이상한 냄새가 났다. 말로만 듣던 소문이 현실이 되는 것 같아 더욱 두렵고 떨리기까지 했다. 조금 후에 나이가 조금 들어 보이는 남자가 내 맞은편에 의자를 당겨 앉으며 눈인사를 하고 들고 온 서류를 펼쳐 놓고 육이오 이후의 행적을 진술하라며 받아 적기 시작했다. 나는 이미 모든 것을 각오하고 빨치산 이야기부터 시작하니 그가 의외로 그런 것은 말하지 않아도 된

다면 매우 부드럽게 편하게 대해 주었다. 그러다가 12시가 가까워 오자 오늘 혹시 회사에 중요한 일이 있느냐고 묻기에 실은 오늘 담당 세무서원과 약속이 있다고 하였더니 지프차를 내 줄 테니 세무서 직원과 만나고 한시까지 그 지프차로 다시 들어오라고 하였다. 나는 긴장이 많이 풀려 평소대로 세무서원과 만난 다음 다시 대기하고 있던 그 지프차 편으로 1시쯤 도착하여 지하실로 들어갔다.

다시 그 사람이 와서 전처럼 내 진술을 받아 적기 시작했다. 진술이 끝나고 오후 5시쯤 1층으로 나를 데리고 올라가 어느 방으로 가서 잠시 앉아 있으라고 하여 기다리고 있는데 중견 간부인 듯 중후하게 보이는 사람이 들어와 맞은편에 앉으며 부드러운 음성으로 실은 당신에 대한 제보가 있어 1년 이상 조사했으나 혐의가 없어 사건을 종결짓기 위해 불렀으니 여기 서명하고 나가시라고 하였다.

각서는 거기에 왔다는 사실을 외부에 발설하지 않겠다는 다짐이었다. 거기가 공군 첩보대라는 것을 알았다. 나는 안도와 허물을 벗었다는 후련함과 함께 그 친구의 얼굴이 떠오르며 배신감과 실망 그리고 분노가 치밀어 올랐다. 그 후 그는 연락이 없었고 나는 연락하지 않았다. 그렇게 약 삼 개월이 지나 캐나다에 이민 간 친구가 서울에 왔다면서 동창들이 모이기로 했으니 나와 달라고 처음 만났던 친구로부터 연락이 왔다. 약속 장소에 가보니 그 친구도 와 있었고 나와 그는 눈만 마주치고 말없이 그와 다소 떨어진 장소에 다른 친구들과 앉았다. 술이 몇 순배 돌아가고 나는 참을 수 없어 친구들 앞에서 큰 소리로 이야기하며 그에게 퍼 부었다.

"네가 영관급 장교로서 소위 국가의 간성이이라고 하니 내가 의심스러우면 고발할 수는 있다. 그러나 한 달에도 몇 번씩 보통 술집도 아닌 요리집에서 그 많은 돈을 너의 방탕을 위해 허비하게 할 수 있느냐? 그 돈은 부모의 유산도 아니고 육이오 후 막노동부터 노점장사까지 하며 추위에 손에 동상까지 걸려가며 서럽게 번 돈이라고!"

그때야 이제까지 모르고 있던 친구들도 모두 놀랐다. 그 후 그는 장군 진급을 못하고 전역하였으며 몇 년 후 어느 다방에서 친구와 만나기로 하여 나갔더니 그가 와 있어 만나게 되었다. 그는 지난 일을 잊어버리자며 화해를 청하여 나도 잊어버렸노라고 말하고 일어섰다. 그의 잘못된 인간성 때문에 서울의 동창 모임에 초대도 않고 나오지도 않았다. 나는 잊었다고 생각하면서도 이 글을 쓰니 나도 모르게 가벼운 분노와 배신감이 되살아났다. 긴 세월 살다 보니 이런 친구도 있었다. 익자삼요 손자삼우라는 말이 새삼 절묘했다.

화해

　　45년 전에 있었던 원망과 배신감 그에 따른 분노와 자기 처지에 대한 서러움으로 눈물 흘렸던 옛일이 가끔 떠오르고 아직도 가슴에 응어리로 조금은 남아 있음을 느낀다. 그러나 내일모레면 내 나이 구십인데 이제는 그 응어리를 풀어 버려야 한다는 생각이 때때로 가슴을 조여 왔다.

　　나는 1947년 전남 장성군 시골에서 광주시에 있는 중학교에 가게 되었다. 광주시 외각의 광산군과 인접해 있는 광천동의 외사촌 형의 집에 하숙해 있었고 시내 학교까지는 상당히 멀었다. 첫날 방과 후 집으로 돌아오다 보니 내가 있는 동네에 또 한 사람의 친구가 있었으며 그 친구는 나보다 훨씬 체구가 컸고 나이도 나보다 두 살 위였으며 일본에서 살다가 와서 우리말 억양도 많이 서툴렀다. 우리는 서로 친하게 되었고 왜소하고 허약했던 나를 보호해 주었고 자기형과 한방을 쓰는 방에서 함께 자기도 했다. 그럴 때면 나를 꼭 껴안아 주기도 했다.

얼마 후 학교 근처로 하숙을 옮겨서 같이 다닐 수는 없었으나 학교에서는 나를 여전히 보호해주었다. 그러다가 1950년 6.25 전쟁이 일어나고 우리 집은 온 가족이 모두 헤어지고 가산도 모두 없어졌으며 나는 형님을 따라 산으로 들어가 소년 빨치산이 되어 그 친구와 나는 긴 이별을 하게 되었다.

그 후 나는 포로가 되어 수용소에 있다가 미성년 포로들의 무죄 석방으로 풀려나 신안군 낙도의 큰아버지 집으로 가서 그곳 염전에서 일을 하다가 1956년 서울에 올라와 천신만고 끝에 조그만 사업체까지 운영하게 되었다. 그러나 결코 자랑스러울 수 없는 전력 때문에 고향 사람들이나 학교 동창들은 전혀 만나지 않고 지내왔다.

그러던 어느 날 거래처에 갔다가 우연히 동창생을 만나게 되었고 반가움에 우리는 취하도록 술을 마셨고 내 차로 그의 집까지 바래다주었다. 그때는 박정희의 유신정권이 기승을 부리던 1975년이었다. 그 친구는 다음날부터 여기저기 재경 동창들에게 행방불명이 된 지 25년이나 지난 황민재가 살아 있으며 사업도 하고 있고 중형 승용차도 가지고 있다며 과장되게 소문을 냈고 자연스럽게 재경 동창 모임에 참석하게 되었다. 그러나 광천동에서 같이 지냈던 그 친구는 보이지 않았다. 처음에 만났던 친구에게 그 친구에 대해 물어보았더니 그 친구는 출세하여 공군 대령으로 공군 사령부 작전 기획실장이라는 요직에 있다고 하였다. 나는 너무나 반가워 그 친구에게 연락해줄 것을 부탁했고 그 친구도 반가워 곧 연락이 되어 며칠 후 단독으로 만났다.

그 후 알게 된 일이지만 그 친구는 서울에 있는 동창들에게서 평판이 좋지 않아 동창 모임에 거의 참석하지 않았다. 그러나 나에게는 자주 연락이 왔고 그 친구가 잘 가는 종로의 기생들이 있는 일품요리 집에 자기 부하들인 중령과 소령 두 사람을 데리고 나와 술을 마셨다. 한 달에 두세 번 만나 즐겁게 술을 마시고 옛날 중학교 시절의 추억담을 나누기도 했다.

그 후 그 친구는 나를 제보하였고, 나는 영문도 모르고, 어느 날 검은 지프차를 따라가서 조사를 받고 나왔다. 그곳에서 일 년 반 동안 조사를 하였으나 혐의가 없어 종결지으려고 불렀으니 그리 알고 생업에 열심히 하라며 서류를 내밀며 서명하라 하였다. 그것은 각서였고 여기에 왔었다는 말을 외부에는 물론 가족에게도 말하지 않겠다는 내용의 각서였다. 거기가 공군 첩보대라는 사실도 그때에야 알았다.

그 건물을 나와 조금 내려와서 가로수 옆에 서니 그날따라 북한산이 더욱 또렷이 보였고 그동안 수많은 박해를 받았지만 오늘처럼 믿었던 친구에 대한 배신감 그리고 늘 같이 다니던 중령 소령 두 사람들 모두 나를 고정간첩으로 상정하고 바라보았을 그 눈초리를 상상하니 나도 모르게 소름이 끼쳤고 눈물이 흘렀다.

그날 이후 그 친구와는 연락이 끊어졌고 일 년 후 캐나다에 이민 간 친구가 와서 동창생들이 모인 자리에 그 친구도 모처럼 나왔다. 술자리가 얼마쯤 지나 여러 친구들 앞에서 내가 처음으로 그 친구를 향해서 지난 이야기를 꺼냈다.

그 친구와 그렇게 헤어져 전혀 연락도 없이 지내던 후 1995년에 서울에서 내려가 대전에 살고 있는 친구가 서울에 왔다며 차나 한잔하자고 연락이 왔다. 약속 장소에 나가니 뜻밖에 그 친구가 와 있었다. 서먹서먹하게 어색한 인사를 하고 앉으니 자기의 근황을 얘기했다. 장군 진급을 못하고 퇴역해서 대한 항공에서 기장으로 있다가 거기서도 고령으로 퇴직했다고 했다. 잠시 뜸을 들이더니 옛일은 모두 잊어버리자고 손을 내밀었다. 나는 어색하게 손을 잡아주며 그렇게 하자고 건성으로 대답하고 헤어졌다.

그로부터 25년이 지났다. 동창들과도 전혀 연락이 되지 않으니 그의 근황을 아는 사람도 없었다. 십여 년 전에 나에게 온 동문회 명부를 뒤져보니 그 친구의 주소 전화번호가 있어서 전화를 걸었더니 그 친구가 받으며 무척 반가워했다. 만나자고 제안을 하니 아무 때나 좋다며 쾌히 승낙을 하여 6월 초 어느 날 양재 전철역 4번 출구에서 만나자고 약속했다.

시간에 맞춰 나가서 두리번거리는데 기다리고 있던 그 친구가 빠른 걸음으로 걸어와 날 꼭 껴안았다. 우리는 한참을 그렇게 말없이 있었다. 1947년 중학교 일학년 때 자기 형과 한방을 쓰던 그가 자고 가라며 꼭 껴안아 주던 그때가 갑자기 떠올랐고 가슴의 응어리가 스르르 풀리는 것 같았다.

화해 그래 화해는 이런 것이리라 이렇게 좋은 것이야 하고 마음속으로 중얼거렸다. 그날따라 하늘은 맑고 더없이 파랗게 보였다.

시신 기증

 사후 시신 기증은 사회에 큰일을 한 분들이 마지막으로 사회에 더 큰 일을 하기 위해 생전에 사후 시신 기증 서약을 해서 의학 해부용으로 사용된다. 그 외에 무연고 행려병사자들의 시신을 주로 의학 해부용으로 사용한다. 그래서 사후 장기기증은 자주 있으나 시신 기증은 그렇게 흔치 않다.
 나는 사후 시신 기증 서약을 했다. 내가 무연고 병사자도 아니고 더더욱 사회에 큰일을 한 유명인사도 아니다. 다만 나에게는 그렇게 해야 했던 가슴 아픈 사연이 있다. 그것은 비록 굴곡진 한국 현대사의 비극의 한 부분이지만 우리 집안의 괴롭고 슬프고 자랑할 수 없는 부끄러운 가정사도 한몫을 했다.
 나의 아버지는 16살 어린 나이에 결혼했고 그 지방에서는 꽤나 알려진 수재로 사서삼경을 섭렵했으나 신학문을 배우려고 상투를 자르고 일제가 세운 소학교에 들어가 월반을 거듭하여 6학년이던 1923년 5월 1일 학생들을 선동하여 대한 독립 만세를 외치다 일경에 체포되어 대구 감옥에서 2년을 복역하고 나와서 향리에서 사설학원을 세워 운영했으나 이미 일제로부터 불령선인으로 낙인찍힌 처지라 학원을 폐쇄당하고 하는 수 없이 동의보감을 자습하여 한약방을 하게 되었다.

우리 집은 한약방도 잘되어서 머슴을 둔 중농으로 그런대로 남부럽지 않게 살았다. 그러다가 8.15 해방이 되고 민족주의자였던 아버지는 여운형 씨의 열렬한 추종자가 되었으며 아버지의 한약방에는 뜻을 같이 하는 많은 사람들이 모여 들었다. 그 후 1947년 여운형 씨가 암살되고 갈 곳이 없었던 여운형 씨 추종자들은 이승만 박사의 독립촉성회에는 친일파와 일제 때의 관리 출신들이 대부분이어서 자연스럽게 박헌영의 남로당에 흡수되었다.

그때 이미 남로당은 미군정으로부터 불법화되었으며 아버지는 물론 20대 청년이었던 형님도 남로당원이 되어 집에 있을 수 없어 집을 떠나 피신해 다닐 수밖에 없었다. 우리 집에는 어머니와 형수 그리고 초등학교 2학년이던 어린 동생과 머슴만이 그 넓은 집에 살고 있었다.

농사는 머슴과 아버지 어머니의 평소의 후덕함으로 그런대로 동네 사람들의 협조로 해 나갈 수 있었다. 그러나 그것도 잠시 1948년 여순반란사건이 일어나자 탄압이 더 심해지고 도와주던 동네사람들도 당국의 눈치를 보며 협조를 꺼려해 더 이상 농사를 지탱할 수 없었다.

그래서 다음 해인 1949년 가산을 정리하여 전라북도 옥구군 미면이라는 일본 사람들이 이민 와서 살다가 떠난 간척지로 이사하게 되었다.

　거기에서 아버지는 신분을 숨긴 채 6.25를 맞이하게 되었으며 나는 그해 5월 광주에서 중학교 3학년을 수료하고 서울에 있는 아버지 친구의 아들이 선생으로 있는 어느 중학교로 전학하기로 하고 친구들과 광주에서 며칠을 보내다가 6월 19일 옥구군 새집으로 왔다.

　그리고 일주일 후 6.25 전쟁이 일어났다. 아버지는 인민군을 따라 남쪽으로 내려가시고 몇 달 후에 우리 남은 가족은 유엔군의 인천상륙작전 성공으로 곧 국군이 들어온다는 소식에 이미 아버지의 신분이 알려진 터라 주위의 따가운 시선을 견디지 못하고 밤중에 모든 창문에 못질을 해놓고 몸만 빠져나와 전에 살던 전남 장성으로 갔다.

　아직 미수복 지구였던 장성에서 우리 가족이 모두 모였다. 그때 점점 좁혀오는 전투경찰에 밀려 우리 가족은 또 모두 헤어지게 되었다. 연로한 아버지 어머니 그리고 어린 동생은 전남 영광으로 피신했으며 아버지는 이번에도 변성명하여 신분을 숨겼으며 형수는 친정으로 가고 나는 형님을 따라 산으로 들어가 소위 빨치산이 되었다. 1950년 11월이었다. 그 후 1952년 말 겨울 국군 6군단과 전투경찰의 대공세로 빨치산은 완전히 지리멸렬되었으며 나도 혼자 방황하다가 낯모르는 세 사람과 어느 동굴 속에서 배낭에 남았던 날콩을 씹으며 밤을 새웠다. 그 중에 총상을 입은 사람이 밤새 신음하다가 새벽에 조용하기에 흔들어 보았더니 이미 죽어서 시체로 변해 있었다. 나머지 세 사람은 어둡기를 기다려 무엇이라도 얻어먹어 보려고 산을 내려와 수양버들이 있는 개울가

길을 따라 마을을 향해 무작정 걸었다. 얼마쯤 간 저만치 들판 가운데 부락에 불 켜진 집이 보였다. 우리는 무슨 의논 할 것도 없이 배가 고프니 제삿집인 모양인데 저기 가면 무엇이든 얻어먹을 수 있을 거라며 부락으로 걸어 들어갔다. 두 사람이 앞서가고 나는 뒤따라갔다. 부락 가까이 갔는데 별안간 요란한 총소리가 들리고 우리는 혼비백산하여 도망쳤다. 공비 잔당들을 잡기 위해 제삿집처럼 위장해 놓고 잠복해 있었던 것이다. 두 사람은 빨리 도망가고 나는 기운이 없어 뛰지 못하고 얼른 개울가로 내려가 수양버들 밑둥을 붙들고 몸을 웅크리고 있었다.

어디쯤 쫓아갔었는지 경찰이 한 놈도 못 잡았다며 투덜거리고 돌아갔다. 얼마쯤 지나 나는 무작정 들판을 지나 어느 마을에 들렸다가 그때 마을마다 조직되어 있던 경방 단원들에 붙잡혀 경찰에 인계되었으며 다시 전북 남원에 있는 6군단 본부로 넘겨져 빨치산 포로들이 수용되어 있는 전남 광주의 서석국민학교로 갔다.

그리고 그해 1953년 7월 27일, 휴전협정이 조인되어 정전이 되었으며 이승만 대통령의 특명으로 미성년 빨치산들은 모두 무죄 석방되었다. 나도 석방되어 귀향증을 받아들고 큰아버지가 살고 있는 전남 신안군 낙도인 사옥도로 갔다.

1951년에 어머니는 병으로 돌아가시고 아버지는 신분이 탄로 나 전시 중이라 재판도 없이 사형당했다. 섬에서는 이미 우리 집 사정을 아는지라 여름 방학에 가서 함께 참외서리를 하며 놀던 사람들도 아는 체도 하지 않고 가까이하지도 않았다.

그 후 나는 빨갱이 딱지 공포증 같은 것이 생겨서 가급적이면 과거에 알던 사람은 피하는 습관이 생겼다. 그래서 나룻배를 타면 금방이면 갈 수 있는 이웃 섬의 외사촌들에게도 한 번도 가지 못했다. 얼마 후 나는 큰아버지 마을을 떠나 그 섬 끝자락에 있는 염전으로 가서 염부가 되었다.

2년간의 염부 생활을 끝내고 그 염전 사장이 소개해준 목포의 약국 점원으로 있다가 그 약국이 폐업하여 1956년 서울로 왔다.

그리고 6.25 때 헤어진 동생과 만나 사글세방을 얻어 자취를 하며 막노동부터 아무 일이나 했다. 그러나 항상 빨갱이 딱지 때문에 기를 펴지 못하고 제대로 말도 못하고 조심스러워 하며 지냈다.

그러던 중 어느 건설현장에서 다소 위험스러운 목수 조수일을 하게 되었다. 그즈음 일용노동자들은 보통 보름만큼씩 일금 계산을 해 주었다. 마침 그 목수일은 약 3일을 더 지나 끝났다. 그 목수 책임자는 모레 자기 집으로 노임을 받으러 오라고 했다. 정해진 날짜에 갔더니 건강한 남자 두 명이 문 앞에 서서 지금 못 주니 며칠 있다가 다시 오라고 하였다. 그냥 돌아와 약속한 날 다시 갔더니 주먹을 휘두르며 못 준다며 다시 오지 말라고 하였다. 나는 그 빨갱이 딱지 공포 때문에 경찰에 신고도 못 하고 그냥 돌아왔다. 참으로 참담하고 분하고 서글펐다. 얼마 동안 하루 한 끼 식사만 먹고 버텨야 한다고 생각하니 그 서러웠던 배고픈 기억이 다 떠올라 눈물이 나왔다. 그리고 아버지가 원망스럽고 밉기까지 했다. 비교적 유복했으며 풍류도 좋아했던 아버지가 왜 하필 공산주의자가 되어 내가 이 고생을 하나 하고 한탄하며 눈물을 흘리며 터벅터벅 걸었다. 그러다 건널목에서 서서 저 건너편을 보니 열 살 안팎의 칠팔 명의 떼거지들이 서 있었다. 모두 몰골이 말이 아니었다.

그 떼거지들을 물끄러미 바라보고 있는데 한참 후에 아버지에 대한 원망과 미움이 차차 사라졌다. 저런 아이들도 있는데 그래도 나는 저 나이에 행복하게 부모 밑에서 살았으며 학교도 중학교까지 다니지 않았는가. 사람은 두세 살까지는 부모가 밥을 먹여 주지만 그 이후에는 스스로 밥을 떠먹어야 하듯이 자기운명은 자기 책임이라는 어느 책에서 본 글귀가 생각났다.

그리고 다음 순간 나는 공산주의자의 아들이 아니라 독립운동을 했던 민족주의자의 아들이라 고쳐 생각하기로 했다. 빨갱이 딱지 공포도 극복하고 잊으리라 결심했다. 그해 겨울을 끝으로 막노동을 마감하고 길거리에서 노점장사부터 시작했고 도전에 도전을 거듭하며 모진 난관을 극복하고 1997년에는 연매출 300억의 중소기업으로 키웠으며 연간 지불하는 임금도 약 100억 원이 되었다. 그러나 나의 경영 미숙과 과욕으로 유동성 위기에 빠져 부도를 내고 말았다. 그때 근로자 임금 미불이 5천만 원가량 되었다. 북부노동청에서 이제까지 임금문제로 한 번도 말썽 없이 모범적이었는데 안타깝다며 부도 위기에 몰리면서도 1퍼센트 미만의 체불은 그나마 다행이라며 검찰에 고발은 하지 않았다.

그 후 나는 부정수표 단속법 위반으로 재판을 받게 되었고 1998년 10월 검사의 3년 징역 구형이 있었다. 얼마 후면 판사의 판결이 날 것이었다. 그때만 해도 70세 너머까지 사는 사람이 그리 많지 않아 칠순 잔치가 성행하던 때이다. 나는 이미 66세이었으며 얼마일지는 몰라도 형이 확정되어 형무소살이를 하다가 죽을지도 모른다는 생각이 들었다.

다른 어떤 채무보다도 미불된 노임이 가장 마음에 걸렸다. 임금을 받지 못해 참담해 하고 있을 그 가족들의 실망과 원망 어린 눈망울이 눈앞에 어른거렸다. 갚을 길이 없어 막막하던 차에 이 잘못을 단 몇 백분의 일이라도 보상하는 길은 없을까 고민하다가 나에게 유일하게 남은 이 육신이라도 내놓아야겠다고 생각했다. 밤새 잠 못 이루고 뒤척이다가 아침에 출근하는 아들에게 나와 함께 잠깐 갈 데가 있다며 같이 나갔다. 시신 기증 서약은 친족이 입회해야 한다고 했다. 같은 과는 아니지만 아들의 모교인 서울대학교의 의과대학에 가서 사후 시신 기증 서약을 했다. 당혹스러워하는 아들에게 어머니에게는 말하지 말라고 신신당부했다. 훨씬 후에 알게 된 아내는 웬만한 일에는 무심하게 덤덤하던 사람이 눈물을 글썽이며 꼭 그렇게까지 해야 되느냐며 한숨을 쉬었다.

나는 아내와 자식들이 모두 모인 자리에서 내가 죽더라도 이것은 꼭 지키라고 유언으로 일렀다. 그리고 지금도 나는 시신 기증 등록증을 꼭 휴대하고 다닌다.

손목시계

작년 봄 어느 날 알고 지내는 어느 종교 단체 중앙회장에게서 전화가 왔다. 한문에도 퍽 조예가 깊어 용산구청에서 운영하는 청파동 노인복지관에 십여 명 정도의 한문을 좋아하는 노인들을 상대로 주 1회 한문 강의를 하고 있어 나는 가끔 그 학습 구경도 하고 끝난 후 단둘이 막걸리 잔을 기울이기도 하는 처지다. 그런 그분이 그날따라 더 생기 있는 목소리로 만나자는 연락이어서 시간에 맞추어 나갔다.

만나자마자 의기양양하게 주머니에서 웬 손목시계를 꺼내어 내 손을 내밀게 하더니 내 손 몸에 채워 주었다. 자기가 장으로 있는 종교단체에서 이번에 무슨 기념으로 공로가 있는 신자들에게 하나씩 나누어 주었다며 자기도 차고 있다고 자기 손을 보여 주며 자랑하였다.

그 순간 그 옛날 1956년의 고맙고 잊을 수 없는 일이 생각났다. 내가 의탁하고 있던 작은 섬의 큰아버지가 사는 동네는 황씨와 홍씨가 반반가량 섞여 사는 겨우 삼십여 호가 사는 작은 동네이다. 서로 인척지간이지만 6.25 전쟁 이후로 대립되는 적대관계로 살아가는 겨우 삼십여 호 되는 작은 동네이다.

경사진 산자락에 세운 동네이기에 맞은편 작은 고개에서 바라보면 동네 전체가 한눈에 들어온다. 그 동네에는 신문하나 보는 집도 없었고 라디오가 있는 집도 없었다. 누구의 집인가 태엽을 감아 쓰는 탁상시계가 있다는 소문을 들었으나 보지는 못했다. 그런데 이 동네에 손목시계를 가지고 있는 사람이 있었으니 그 사람은 나에게 구촌 조카뻘되는 사람으로 1955년 말경 군에서 제대하여 집에 와 있었다.

그 조카는 나를 알고 있었으나 나는 알지 못하는 사이였다. 1956년 3월경 내가 서울에 가려 한다는 소문이 그 동네에 전부 퍼져서 그 동네에서는 전부 알고 있었다. 그 동네에서는 서울 가본 사람이 한 사람도 없었고 당시 서울은 아주 무서운 곳으로 "눈 감으면 코 베어간다"라는 아주 흉한 소문도 있어 갈 수 없는 무서운 곳으로 알고 있었다.

그러던 어느 날 내가 서울에 간다는 소문을 들은 그 조카가 나를 만나자 대뜸 서울에 간다면서요 하고 묻기에 그렇다고 대답했더니 그러면 이것을 가지고 가라며 그의 팔목에 차고 있던 시계를 풀어서 내 손목에 채워주며 이 시골에서는 이 시계가 전혀 쓸모가 없고 서울에서는 꼭 필요한 거라며 요긴하게 쓰라는 당부까지 했다.

훗날 들은 바에 의하면 부산의 군수기지 사령부에 육군 사병으로 근무하며 마련한 소중한 시계임을 알았고 그 시계는 일본제 세이고, 시계였다.

　나는 나도 모르게 눈물이 났다. 큰아버지를 비롯해 누구 한 사람 덕담을 해주거나 격려해주는 사람 없이 모두가 비웃고 있는 처지여서 의기소침해 있는 나에게 그 시계 선물은 너무 의외였고 귀중한 선물이었다. 나보다 다섯 살 연상인 그 조카는 2018년 10월에 노인 요양병원에서 지내다 작고했다.

　2015년 목포에서 살고 있을 때 조카가 휴대폰을 소지한 후 내가 매일 아침 안부전화를 했다. 2018년 작고할 때는 내가 뇌종양으로 수술해서 병원에 있었기 때문에 가지 못하고 2019년부터 제사 때마다 그의 자손들과 함께 참배했다. 금년 봄에는 나 혼자 현충원 납골당에 찾아가 참배하기도 했다. 그리고 이번 추석 전날도 자손들이 온다기에 나도 같이 참배하기를 했다. 참배할 때마다 마음속으로 간절히 속삭인다. "조카님 그 옛날 그 시계가 눈물겹도록 고마웠습니다."

금언(金言)

 나는 평생을 나 나름의 몇 가지 금언을 지니며 살아왔다. 그 첫 번째는 우연히 신문에서 본 금언의 내용이다. 1955년 말 전남 신안의 낙도 염전에서 소금 만드는 일이 끝난 후 염부로 있던 나에게 그 염전 사장님이 자기를 따라 목포에 가자고 하여 갔더니 자기의 약사 면허를 대여해 준 약국에 점원으로 취직을 시켜 주었다. 그때 그 섬에서는 목포의 점원 자리는 선망의 대상이었다. 나는 감사한 마음으로 열심히 일했다. 어떤 연유인지는 모르나 남편이 목포 경찰서에 유치되었고, 여주인은 자주 약국을 비웠다. 나는 열심히 해서 한 달 뒤부터는 약 판매와 약 구입까지도 했다. 그 시절에는 약국에서 흔히 감기나 기타 가벼운 병에 주사 시술까지 했다.

 그러다가 1956년 2월에 그 집 사정으로 약국이 폐업하게 되었다. 나는 너무 허탈했다. 이제 어떤 일이라도 할 수 있다는 자신감이 있었는데 갑자기 그만두게 되어 방황했다. 그 염전 사장님은 그런 나를 염전에 다시 내려가지 말고 자기 집에 방도 여러 개가 있으니 와서 있으라고 했다. 갈 곳이 없던 나는 어쩔 수 없이 따라갔다. 그날부터 나는 하는 일 없이 그 집에 배달되는 동아일보와 경향신문을 탐독하며 시간을 보내다가 오후에는 시내로 나가 어슬렁거리다가 집에 돌아오면 사모님이 저녁 준비를 내놓고 심지어 내 방에 이부자리까지 펴 놓기도 하셨다.

6.25 이후 처음 겪는 이 후대가 불안하기까지 했다. 그렇다고 다시 염전으로 갈 수도 없었다. 그러던 어느 날 동아일보를 다 읽고 경향신문을 집어든 순간, 경향신문 아랫면 '일일 일어록'의 그날의 금언이 눈에 들어왔다. 몇 번이고 다시 읽으며 지금의 이 분에 넘치는 후대가 차츰 불안해지며 고민스러웠다. 그 금언은 "은혜를 입는 것은 자유를 잃는 것이다"라는 내용이었다. 몇 날을 생각하다 사장님과 사모님 앞에서 떠나가겠다고 말씀드렸다.

놀란 표정의 사장님은 어디로 가려느냐고 물으셨다. 서울로 가겠다고 대답했더니 허허 웃으시면서 서울이 얼마나 험악한 곳인지 네가 몰라서 그러는 거라며 가소롭다는 표정이셨다. 또 서울은 겨울이면 너무 추워서 책상 위의 잉크도 언다며 겁을 주었다. 나는 아주 추울 때는 눕지 않고 이불을 뒤집어쓰고 웅크리고 앉으면 견딜 수 있을 거라고 대답했더니 내 결심의 확고함을 감지하셨는지 더는 아무 말도 하지 않으셨다.

1956년 봄에 목포에서 출발하는 오후 6시 반 서울행 완행열차를 타고 불안하고 설레는 마음으로 서울에 왔다. 자취방을 정하고 호칭을 선생님이라고 고치고 편지를 올렸다.

"선생님과 사모님의 분에 넘치는 후대가 너무 고마웠고 한편으로는 부담스러웠습니다. 그렇게 고민하던 중 경향신문의 '일일 일어록'에 있는 '은혜를 입는 것은 자유를 잃는 것이다'라는 글을 보았습니다. 사람인 이상 은혜를 입으면 그 은혜에 보답하는 것이 도리인데, 그러려면 스스로 자신의 자유를 제약하는 것이라 생각되어 떠나왔습니다. 그동안 너무 고마웠습니다. 부디 건강하십시오."

두 번째는 전시회를 보고 나오는 길에 본 어록이다. 서울에 온 다음 해에 노동을 해서 조금 모은 돈으로 길가에 앉아서 노점을 하고 있을 때 마침 덕수궁에서 불란서 화가 밀레의 그림 전시회가 있어서 동생에게 노점을 잠시 맡겨 놓고 가서 구경했다. 밀레의 작품 중 〈만종〉은 나를 경건하게 매료시켜 몇 번이고 다시 보았다. 그리고 나오면서 보니 눈에 띄어 어록이 있었다.
"아름다움은 알맞음이다."

다시 노점 있는 곳에 와서 우리 노점을 자주 이용해 주시는 노신사에게 이 어록이 우리 일상생활에 어떤 의미가 있는지 물었더니 그 신사는 고개를 주억거리면서 '지나치게 거들먹거리면 교만해 보이고 지나치게 겸손하면 비굴해 보인다'라는 뜻이라고 해석해 주었다.

그 후 나는 그 어록을 새기며 넘치지도 말고 그렇다고 지나치게 모자라지도 않으려고 노력하며 살아왔다.

세 번째는 결혼을 앞두고 본 금언이다. 서울에 온 지 사십 년이 되는 해에 낙원시장 입구에서 점포를 얻어 과장 중간 도매상을 운영하고 있을 때 시골 큰아버지께서 연락을 주셨다. 혼처를 정했으니 언제까지 내려와서 혼사를 치르라는 것이었다. 그때 당시 시골에서는 20세 전후로 결혼을 했다. 부모도 없는 내가 그때 내 나이 26세였으니 큰아버지로서는 안쓰러웠는지 서두르시며 강요하셨다. 그때까지는 나는 여자를 사귈 여유도 시간도 없었다. 그러자 그때 어느 책에서 본 글귀가 생각났다. "아내를 택할 때는 눈으로 보지 택하지 말고 귀로 듣고 택하라"라는 글귀였다. 나는 여기저기 수소문하여 그쪽 동네 사람들을 만나 그 처녀에 대해 이것저것 물어보았다. 6.25 때 겨우 열두 살의 어린 나이에 아버지 삼형제와 할아버지, 할머니까지 모두 잃고 어머니와 어린 세 동생과 같이 농사일을 하며 항상 어머니를 따라 다니며 모든 궂은일을 다한다며 모두 한결같이 칭찬하였다.

드디어 결혼식 당일 구식 결혼식장인 신부집 마당의 초례청에 들어선 나는 실망했다. 얼굴을 잘 보지 못했지만 서울에서 파마머리의 신여성들만 보던 나에게는 왜소한 몸에, 숱이 많은 머리에 너무 큰 낭자머리가 어색하고 실망스러웠다. 그때의 나에게는 신혼여행은 사치이고 낭비여서 바로 신접살림을 시작했고 조금의 어색함만 있어도 촌뜨기라고 구박했다. 그때마다 아내는 대꾸 한번 하지 않고 순종했다.

그 후 나는 여러 번의 파란곡절이 있었다. 그런데도 아내는 단 한 번의 푸념이나 불평 없이 나와 가족을 위해 헌신했다. 성당에도 열심이어서 하루 10단씩의 묵주기도를 올려 신부님으로부터 3,600단 묵주기도를 올린 기념으로 '축복장'을 받기도 했다. 1,500명 신도 중 13명이 받았다.

지난해 나는 뇌종양 수술 후 담당 주치의가 노인요양병원 소개서까지 써 주었으나 자식들에게 병원환자용 침대만 놓아주면 어떻게 하든지 해 보겠다며 이번에도 아내는 자기희생을 감수하며 지극 정성으로 보살펴주었다. 그리고 주치의도 놀랄 만큼 오늘의 나의 건강을 되찾아 주었다.

어느 책에서 본 네 번째 금언은 "하겠다는 의지 앞에 불가능은 없다"라는 말이다.

나는 불과 1퍼센트의 가능성에도 내가 하고 싶으면 99퍼센트의 불가능은 보지 않는다. 1964년에 강원도 정신의 지금의 강원랜드가 있는 곳에 주유소를 세웠다. 거기에는 이미 성업 중인 두 개의 주유소가 있었다. 서울에 있는 지인들도 과자 도매상을 잘하고 있으면서 왜 그러한 무모한 짓을 하느냐며 만류했고 비웃기까지 했다.

그러나 나는 기어코 감행했고 5년 후에는 거기에서 4킬로미터 밖에 있는 주유소까지 모두 매입해 그 일대를 평정했다. 그 후로도 옆에서 모두 의아해하고 어리석다고 비웃어도 저돌적으로 달려갔다. 그리고 해냈다.

한편 자만에 빠져 누구의 조언도 구하지 않고 일을 저질러 실패도 번번이 했다. 그리고 이번에도 2016년부터 글쓰기 모임에 나가 글을 쓰고 작년에는 동인지까지 냈다. 옛날의 나의 학력을 아는 어느 동창은 책을 주었더니 며칠 후 밤에 술 취한 음성으로 전화를 했다. 그리고 대뜸 "그 글 네가 쓴 것 아니지? 누가 써 주었냐? 그 사람이 누구냐?"라며 다그쳤다.

그 친구만이 아니라 차마 나에게 대놓고 말하지는 못해도 내심 비웃는 사람이 많을 것이다. 그러나 중단하지 않고 이번에도 해 나가겠다.

꽃

 꽃을 싫어하는 사람은 없을 것이다. 정도의 차이는 있어도 거의 모든 사람들은 꽃을 좋아한다. 개나리 다음으로 피는 진달래 그리고 갖가지 색으로 피는 철쭉꽃, 살구꽃, 벚꽃 그 뒤로 피는 하얀 목련도 참으로 좋다. 늦은 봄부터 피기 시작하는 장미는 하얀색 약간 노란색 붉은색 검은색이 도는 흑장미까지 여러 가지 다 그 뒤로 늦은 여름에 피는 보라색의 나팔꽃은 나에게는 묘하게 동정심을 자아내게 하는 것 같다.
 중학교 때 광주역 근처 극락강역 역장관사에서 하숙하고 있을 때 역장 동생인 친구와 오월의 훈풍이 좋아서 창문을 열어놓고 있으면 관사 둘레에 심어져 있는 라일락 꽃잎이 날리며 그 향기가 방안 가득히 들어왔다. 그러나 이 모든 꽃 중에서 내가 가장 좋아하는 꽃은 그 짙은 향기가 매혹적인 야생의 국화다. 가을이면 극락강 언덕에 친구와 놀러 나가면 코스모스가 하늘하늘 하늘거리며 우리를 반겨 손짓하는 것 같았으며 그 옆 언덕기슭에 소담스럽게 피어 있는 하얀 노랑 보라 등의 야생 국화도 그 진한 향기를 내 뿜으려 우리를 반기는 것 같아 그 옆에 앉아 들국화 노래를 부르며 놀았다.

그 다음 해에 6.25 전쟁이 나고 나는 가정 형편으로 인하여 형님을 따라 산으로 들어가 소위 빨치산이 되었다. 나는 어디인지도 모른 채 그저 사람들에 섞여 군인과 경찰들에게 쫓겨 이산 저산을 헤매였다. 그렇게 쫓기며 지내던 어느 여름날 일행을 따라 산길을 가다가 쉬어가게 되었다. 나는 이름 모를 야생화들이 저만큼 피어 있어 그 옆에 앉아 손으로 어루만지며 감상하고 있었다. 그때 뒤따라오던 일행 중에 준수하게 생긴 어느 중년이 내 옆에 앉으며 "동무도 꽃을 좋아하는 모양이지" 하고 말하여 내 옆에 앉아 한참이나 꽃을 어루만지다 일어나 가면서 꽃을 돌아보고 또 돌아보았다. 그 모습을 보고 있던 옆 사람들이 수군거렸다. 저 동무는 아직도 부르주아 근성이 남아 있어서 저런 것이라며 잘사는 집 아들이며 어느 학교 선생이었는데 육이오 후 인민군이 내려와서 인민위원회 간부로 지내다가 후퇴하는 인민군을 따라 산에 올라왔다고 하였다.

그 다음 해에 우연히 사람들이 수군거리는 소리에 옆에 가서 들었더니 그 꽃을 좋아하던 사람이 탈출하려다 붙잡혀서 죽임을 당하였다는 것이다. 순간 나는 내색할 수는 없었으나 그 꽃을 돌아보고 또 돌아보며 앞서가던 그 선한 얼굴이 떠올라 당황스럽고 슬펐다.

그 다음 해 1952년 국군의 동계 대공세로 빨치산들은 완전히 지리멸렬하였고 나도 포로가 되어 광주에 있는 포로수용소에 있다가 1953년 7월 27일 휴전협정이 체결되어 이승만 대통령의 특명에 의해 미성년자는 무죄 석방되어 전라남도 신안군에 있는 작은 섬의 큰아버지 집으로 갔다. 그러나 농사일이 서투른 나는 그 섬의 끝에 있는 염전으로 가서 염부가 되었다.

점심때면 얼른 점심을 먹고 갖가지 야생화가 피는 저쪽 언덕으로 가서 꽃 옆에 앉아 여러 가지 상념에 잠겨 앉아 있으면 몇 해 전에 내 옆에 앉아 야생화를 감사하던 그 선한 얼굴의 아저씨 얼굴이 떠올랐다. 그는 이미 이 세상 사람이 아닌 줄 알면서도 한 번 더 보고 싶은 것은 옆에 야생화가 있어서일까?

그리고 몇 해 전 가을에 들국화가 그 진한 향기를 내 뿜으려 아름답게 피던 극락강 언덕에서 들국화 노래를 같이 부르던 친구도 보고 싶었다. 1956년 서울에 올라와 몇 십 년 만에 그 친구를 만나 자주 술도 먹고 가깝게 지냈으나 이즈음은 몸이 나빠져서 두문불출하여 만나지 못하고 있다. 나는 서울에 와서 몇 십 년째 좋아하던 들국화도 보지 못하고 그 향기도 맡지 못했다. 어쩌다 장례식장에 가면 영정을 온통 흰 국화로 장식해 놓았지만 향기는 전혀 없어 실망스러웠다. 내가 세상을 떠나면 나는 이미 사후 시신 기증을 했으니 관도 수의도 필요 없으므로 조금 값이 들더라도 향기 나는 국화를 구하여 내 영정에 장식하여 달라고 자식들에게 유언해야겠다. 이 세상 마지막 하직하는 날에 그 진한 국화 향기에 쌓여간다는 것은 얼마나 근사한 일인가 생각만 해도 기분 좋다.

가톨릭 신자가 되다

　나는 원래 불교가 모태신앙이다. 어렸을 때 떡시루에 서너 둘금*의 떡을 해놓고 그 위에 흰 사기 간장 종지에 참기름을 부어 참종이로 꼬아서 불심지를 만들어 불을 밝혔다. 그리고 스님이 그 앞에 앉아 밤새워 목탁을 두드리며 경을 읽고 있으면 어머니는 소복단장하고 앉아 연신 손을 비비며 빌고 있었다. 거기에다 아버지는 한학에 열중하여 철저하게 유교에 심취하여 나는 그 영향을 크게 받고 자랐다.
　초등학교를 졸업하고 광주로 나와 중학교에 다니면서 아버지 어머니 영향을 적게 받고 나름대로 소설이나 시집을 읽으면서 차차 불교와 유교에서 멀어졌다. 그렇다고 기독교에 관심을 갖지도 않고 가질 계기도 없었다. 그러던 중 1949년 중학교 3학년

---

* '켜'의 전라도 방언으로 포개어진 물건의 하나하나의 층을 세는 단위. 예) "쌀기랑 깻가루랑 한 둘금썩 놔 갖고 떡 해 묵었네."

때 읽은 소설 중에 "파리애화"라는 불란서 혁명을 주제로 한 소설이 있었다. 저자의 이름도 줄거리도 그리고 주인공의 이름도 기억하지 못하고 잊어버렸다. 그러나 그 중에서 지금도 가장 뚜렷이 잊지 않고 있는 것은 그 당시에는 죄인의 목을 잘라 죽이는 단두대(킬로틴)에 주인공이 올라가 목이 잘리기 직전에 가느다랗게 속삭인 "나는 부활이요 진리요 생명이니 나를 믿는 사람은 죽어도 살겠고 살아서 믿는 사람은 영원히 죽지 아니하리라"라는 말이다.

도대체 그것이 무슨 말인지 무슨 뜻인지 왜 목이 잘려 죽기 직전에 어머니를 부르거나 사랑하는 사람의 이름을 부른다는데 도대체 저 말이 무슨 뜻일까?

분명 그 사람의 마지막 속삭임에 깊은 뜻이 있을 것이라 생각하니 그 구절이 잊혀지지가 않았다. 그 다음 해에 6.25 전쟁이 나고 우리 가족 모두 죽고 흩어졌다. 다섯 살 아래인 동생과 나는 의지 할 데 없이 서울에서 근근이 날품팔이도 하고 노점장사도 하여 약간의 돈을 모아서 1958년 종로의 낙원시장 입구에 과자 중간 도매상을 차렸다. 그 다음 해에는 점원을 둘이나 거느리며 동생과 조카도 함께 있었고 그때로는 늦은 나이로 결혼도 한 상태였다. 나는 될 수 있는 한 고향 사람들이나 학교 동창 등 육이오 전에 알던 사람들을 기피하고 살고 있었다. 그런데 어느 날 사십대로 보이는 신사가 우리 점포 앞에서 기웃거리며 서성이다가 내가 나가니 다가와서 나의 아버지의 함자를 대며 혹시 자제가 아닌가 하고 물었다. 또 경찰서나 다른 기관에서 나왔으리라 생각하고 숨겨봐야 소용없으리란 생각에 순순히 그렇다고 대답했다. 그러자 점원에게 가게를 맡기고 점포에 딸린 안방으로 가족들과 함께 들어가자고 했다. 의아했으나 따를 수밖에 없어 가족이 방으로 들어갔더니 모두 앉기를 기다려 갑자기 기도를 하기 시작했다. 그 음성이 너무도 간절하고 엄숙해 나를 비롯해 우리 가족은 모두 숙연해졌다. 그런 연후 자기 이름은 누구라고만 말하고 열심히 노력해서 꼭 성공하라고 성공해야 한다고 당부하며 문 밖에 나와 있는 우리를 자꾸 돌아보며 떠나갔다.

얼마 후에야 아버지가 독립 만세 사건으로 감옥살이를 하고 나와 사설 학원을 열어 학생들을 모아 가르쳤던 제자 중 한 사람이란 것을 알았다. 기독교가 그렇게 사랑의 종교라는 것을 느꼈고 언제나 마음속으로 감사하고 있었다. 그리고 단두대에서 죽기 직전에 주인공이 속삭인 그 말도 성경에 있는 그리스도의 말씀이란 것도 한참 후에야 알게 되었다.

우리 식구들은 연중무휴로 점포를 열고 있어서 교회에 나가는 것은 엄두도 내지 못했다. 그렇게 세월이 흘러 나는 강원도에 주유소를 세우고 정상적인 운영이 가능하게 자리를 잡아 동생에 운영을 맡기고 1971년에 서울로 올라와 새로운 사업을 시작하게 되었다. 그 무렵 어느 지인의 소개로 알게 된 청와대 민정 비서실의 비서관 김○○ 씨를 알게 되었다. 그분은 모 유력 일간지 정치부장 출신이었다. 가끔 술자리도 같이 했고 나에게 참으로 친절하게 대해 주었으며 자기 집에 초대도 해 주었다. 그리고 얼마 뒤에는 호형호제하는 사이로 격의 없이 지냈다.

그분은 민정 시찰 겸해서 한 달에 두 번쯤은 나와 함께 주말 대형교회의 예배에 참석하였다. 주로 신문로에 있는 새문안교회와 중구에 있는 영락교회 장충동에 있는 경동교회에 다녔다.

그러던 어느 주일날 영락교회에 갔을 때 한경직 목사의 설교 중에 인용한 "항상 기뻐하라, 범사에 감사하라, 쉬지 말고 기도하라"라는 성경 구절이 순간 가슴에 와 닿아 나는 이 구절을 깊이 생각하게 되었고 결국 가족과 함께 교회에 나가기로 작정했다.

그전에 나는 이미 그 소설 속의 주인공이 사형 직전에 속삭였던 말과 오래전에 종로의 우리 집에 왔던 아버지의 제자인 그 목사님의 간절한 기도로 하나님의 깊은 사랑과 신비함에 매료되어 있었다. 그렇게 우리 가족 모두가 교회에 나가고 많은 세월이 흐른 어느 날 뜻밖에 육이오 때 돌아가신 형님의 형수에게서 전화 걸려왔다. 형수님은 이전에도 1957년 동생과 자취하고 있던 집으로 우리를 찾아와서 이불을 뜯어 빨아서 다시 꿰매주고 하룻밤을 주무시고 떠나신 후 개가하셨다는 소문이 있었다.

개가하시기 전에 마지막으로 우리를 찾아오신 것이라 짐작하였고 잊으려 애를 썼는데 갑자기 전화를 받으니 지난 날 가지가지의 일들이 떠올랐다. 철없던 어린 시절 나는 형수에게 어리광도 많이 부리고 편식이었던 나는 반찬 투정도 많이 했다.

겨울에는 내복을 벗어던지고 나는 이불 속으로 들어가며 이를 잡아 달라고 졸라도 싫은 내색 한번 하지 않던 너무도 인자하고 어머니만큼 그리웠던 형수님이시다. 그분은 바느질 솜씨도 좋아 손수 짠 삼베로 여름이면 반소매 노란 샤쓰를 직접 만들어 주었고 손수 짠 명주로 광주에 하숙할 때 이불도 만들어 주셨던 그 형수님에게서, 전화가 온 것이다.

그때 서울에는 백색 전화와 청색 전화가 있었으며 백색 전화는 꽤 많은 값으로 매매가 되었다. 나는 백색 전화를 가지고 있었고 전화번호부에 백색 전화는 이름이 등재되어 있었다.

서울로 이사 온 형수님은 혹시 전화번호부에 등재되어 있지 않을까 생각되어 전화번호부를 보고 반가워서 바로 전화하는 것이라 했다. 나는 다음날 바로 아내와 함께 그 집으로 인사차 찾아갔다. 우리에게 다녀간 후 개가하여 아들을 둘이나 두었다. 그 형수는 독실한 가톨릭 신자였으며 후에 작은아들은 사제서품을 받아 신부가 되었다.

나와 아내는 추석과 설날에 빠지지 않고 인사하러 갔으며 건강이 좋지 않던 형수는 자주 병원에 있었다. 그때마다 나는 아침 일찍 병원에 들려 문병하고 회사에 출근했다. 그렇게 십여 년 지난 어느 토요일 아내와 함께 여의도 성모병원으로 문병하고 돌아와 다음날 일요일에 늘 하던 대로 북한산 등산을 하려고 문밖을 나서는데 아내가 급히 대문으로 나와 형수님이 조금 전에 운명하셨다는 연락이 왔다고 했다. 나는 산행을 중지하고 아내와 함께 병원으로 달려갔다. 너무 슬펐다. 유복한 집안에서 시집와 겨우 몇 년만 생활을 했을 뿐 육이오를 전후하여 갖은 고생을 다하고도 불평 한번 없었던 그렇게 인자하고 고마운 어머니 이상으로 내가 따랐던 형수마저 이 세상에 없다고 생각하니 더욱 슬프고 허전했다.

삼일장으로 장례를 치르고 용인 가톨릭 묘지의 장지까지 가서 안장식까지 하고 돌아왔다. 그런 며칠 후 토요일 잠에서 깨어 일어난 아내가 어젯밤 꿈을 꾼 이야기를 했다. 돌아가신 형수님이 하얀 미사포를 쓰고 손짓해 아내를 부르며 동생, 나하고 같이 성당에 가자면서 대문 앞에 서서 계시던 꿈을 꾸었다고 했다.

　그 꿈 얘기를 듣고 아내와 나는 성당에 가기로 하고 바로 그날 성당에 가서 예비신자 교리 공부 신청을 했다. 아내는 꾸준히 6개월 동안 교리공부를 하고 세례성사를 마치고 가톨릭 신자가 되었다. 나는 교리공부를 많이 하지 못하여 다음으로 미뤘다. 그 후 2000년도가 지나서야 나는 교리공부를 제대로 하여 세례성사를 받아 가톨릭 신자가 되었고 아내는 더욱 열심히 하여 2010년에는 매일 묵주기도 10단, 총 3,600단을 봉헌하여 4,000여 명 신대방성당의 신자 중 15명이 신부님으로부터 '축복장'을 받기도 했다. 나는 아직도 서투른 신자이기는 하나 열심히 주일마다 아내와 함께 성당에 가서 미사를 봉헌한다. 그리고 가끔은 책을 읽다 저녁 늦게 잠자리에 들기 전에 아직도 완전히 이해를 못하면서도 가만히 속삭여 본다.

　"나는 부활이요 진리요 생명이니 나를 믿는 사람은 죽어도 살겠고 살아서 믿는 사람은 영원히 죽지 아니하리라."

축복받은 삶

　6.25 전쟁이 난 후 여러 번의 죽음의 고비를 넘기고 부모도 형도 죽고 재산도 모두 없어지고 나와 어린 동생만 간신히 살아남아 동생은 육이오 전에 출가한 누님 집으로 가고 나는 전라남도 신안군에 있는 작은 섬의 큰아버지 집으로 갔다. 몇 해 전에 광주에서 중학교에 다닐 때 여름 방학에 갔을 때 그렇게 환대해 주던 친척들이 완전히 달라졌고, 나를 대하는 이상한 눈초리가 전율을 느끼게 했다.

　나는 견딜 수 없어 큰아버지 집을 나와 그 섬 서쪽 끝에 있는 숙식이 가능한 염전으로 가서 염부가 되었다. 그리고 2년 후 1956년 서울에 왔다. 염전에서 월급으로 모은 돈으로 우선 사글세방을 얻고 매일 그때 한참 부산 피난 생활을 하다 올라와 새로 집을 짓는 피난민들의 건축 현장에서 아무 일이나 닥치는 대로 했다. 주로 미장공 조적공 목수의 조수일이었다. 점심은 기계로 누른 보리쌀로 지은 밥을 양은 사발에 담아 단무지 몇 조각을 없고 그 위에 종이를 덮어 무명 베 수건으로 잡아 묶어서 들고 다녔다.

지금의 충무로 세종호텔 뒤편 건축 현장에서 북아현동 한성여고에서 이화여대로 넘어가는 고갯길 오른편에 피난민들이 마구 지어서 사는 집 방 한 칸을 사글세로 얻어 살았고 매일 걸어다녔다. 그렇게 피로에 지쳐 터덜터덜 걷다 보면 길가는 모든 사람들이 나보다 행복해 보였고 내 처지는 너무 처량해 보였다.

그럴 때면 불현듯 아버지가 원망스러워졌다. 머슴도 둔 중농인 데다 한약방까지 겸하고 있어서 그런대로 여유가 있었고 그 동네에서 대도시의 중학교에는 나와 한 명의 선배 두 사람뿐이었고 어머니는 나에게 그때로는 매우 귀하다는 명주이불도 해주셨다.

늦가을이면 소리꾼들이 우리 집으로 찾아와 바깥마당에 멍석을 여러 장 깔아 놓고 동네 사람들과 밤늦게까지 판소리를 즐겨 듣던 아버지는 왜 하필이면 사회주의에 물들어 가정도 완전히 무너지고 본인을 물론 형님도 죽게 하고 그 혼란 속에 어머니마저 병사하고 어린 동생은 출가한 누님 집으로 가고 나도 겨우 목숨만 건져 오늘 이 모양 이 꼴이 되었나 하는 원망이 하루에도 몇 번씩 떠올랐다.

건축 현장에서는 주위 사람들이 저 사람은 왜 맨날 얼굴이 어둡고 그늘이 져 있느냐며 수군거렸다. 그렇다. 나는 그때 웃음이 없는 사람이었으며, 옷도 언제나 밝지 않은 어두운 색으로 입었다.

어느 날 일이 끝나고 터덜터덜 걸어오다 큰길 건널목에서 잠간 기다리는데 길 건너 저쪽에 열 살 안팎의 칠팔 명의 떼거지들이 서 있었다. 그들은 각자의 손에 미제 분유 깡통을 뚜껑을 떼어내고 굵은 철사로 손잡이를 만들어 손목에 걸고 있었다. 건널목을 건너며 옆으로 지나치는 그들의 몰골들은 말할 수 없이 처량했고 그들의 손목에 걸고 있는 깡통에는 반 토막의 숟가락이 들어 있어 짤랑거리는 소리가 요란했다.

나는 그들과 지나쳐 저쪽으로 건너나 한참을 멀어져가는 그들의 뒷모습을 바라보고 있었다. 그 순간 내 어릴 적 일이 떠올랐다. 편식이던 나에게 어머니는 맛있는 음식을 따로 만들어 옆에 앉아서 먹으라고 채근하였고 밖에 나갔다 오면 대야에 물을 떠다 놓고 씻겨주었고, 자주 새 옷으로 갈아입혀 주었다.

초등학교를 졸업하고는 대도시를 중학교로 보내주었다. 조금 전 그 떼거지들보다 몇 십 배의 축복 속에 살았다는 생각이 들자 아버지에 대한 원망이 많이 사라졌고, 이만큼까지 나를 키워주었으니 나는 복을 많이 받은 사람이라는 자각이 들었고, 지금부터의 내 운명은 내 스스로 개척해야 한다는 결심이 굳어졌다.

그날 이후 건축 현장에서 나의 태도와 표정은 옆에서 알아보게 달라졌다. 일이 끝나면 여느 때와 달리 빠른 걸음으로 걸었으며 도중에 그때의 평화신문사 앞의 유리 상자 속의 그날의 신문을 다 읽고 자취방까지 갔다.

그리고 7월이 되어 날씨가 더워졌고 얼음과자 장사가 괜찮다고 하여 얼음과자 장사를 시작했다. 남대문 옆의 얼음과자 집에서 백 개씩 얼음과자를 넣은 참석통을 큰 통 안에 넣고 그 주위를 얼음으로 채워 녹지 않게 했다. 꽤 무거웠다. 그 통을 메고 서울역 뒤쪽, 만리동 골목길을 돌아다니며 "아이스케~키, 아이스케~키" 하고 외치며 돌아다녔다. 노동에 비해 아침에 조금 늦게 나가도 되었고 수입도 훨씬 많아서 어떤 날은 노동 하루 임금보다 배가 많은 날도 있었다. 그리고 덤으로 장사의 묘미도 터득했다.

어느 날 만리동 골목에 있는 구멍가게 아저씨가 나를 불러 얼음과자 하나를 팔아주며 당신의 외치는 소리는 꼭 흥에 겨운 노랫소리 같다고 말하며 웃었다.

이제까지와 달리 나는 하루하루가 즐거웠다. 더위가 가시어 나는 9월부터 노동판에 나가 그해 연말까지 집안에서의 마무리 일까지 끝냈다. 그리고 다음 해부터 조선호텔 앞 북창동 '진달래'라는 이름의 다방 앞에서 노점장사를 시작했다. 7개월 후 이동식 점포를 마련하여 무교동 인도에서 잡화장사를 했다.

2년 후에는 종로 낙원시장 입구에 점포를 마련하여 과자 중간 도매상을 차리게 되었다. 그리고 5년 후 강원도 탄광 지역에 주유소를 세웠고 다시 5년 후 정착이 된 주유소를 동생에게 맡기고 서울에 와서 새로운 사업을 시작했다. 남들이 의아해할 만큼 사업을 키우기로 했다.

그 과정에서 굴곡도 많았다. 견디기 힘든 어려움도 있었으나 아무리 어려워도 나의 표정이나 언행에 조금도 그런 흔적이 없이 주위의 사람들이 곡해할 정도였다. 매월 1회 전체 사원 조회를 했고, 매년 초 조회 때는 나는 직원들에게 꼭 이 말을 했다. "자기의 현재를 축복으로 받아들이는 사람은 축복받은 삶을 살고 있는 사람이다."라고.

태양

누구나 태양을 좋아하겠지만 나는 특히 좋아해서 매일 아침 운동을 나가면 공원 맨 위에 만들어 놓은 걷기 운동 트랙을 돌면서 불그스름하게 떠오르는 여명에서부터 조금 후에 떠오르는 맑은 태양을 열심히 휴대폰으로 촬영한다. 옆으로 지나가는 사람들이 호기심 어린 눈으로 흘깃흘깃 의아하게 보며 지나간다. 그러나 나는 아랑곳하지 않고 계속 몇 번을 촬영한다. 그때마다 가슴이 설렌다. 내가 이렇게 태양을 보며 설렌 것은 1955년부터이다. 전라남도 신안군의 조그만 섬의 한 염전에서 염부로 일하고 있었던 그때, 오후의 고된 채염 작업이 끝나면

숙소로 가지 않고 낮은 옆 산으로 올라가 먼 수평선 너머로 지는 해를 바라봤다. 수평선 위로 해가 질 때면 빨간 불기둥이 바로 앞까지 이어지고 그 불기둥 속으로 멀리 무역선이 지나가는 모습이 보이면 나는 어느 때나 이 섬에서 벗어나 저 배가 가는 곳으로 갈 수 있을까 하고 생각하며 하염없이 바라보다가 배가 불기둥 밖으로 사라질 때까지 지켜보다 돌아오곤 했다.

염전 일이 끝나고 그해 겨울에 목포로 나와 염전 사장이 자기의 약사면허를 대여해 준 약국의 점원으로 취직을 시켜 주었다. 그러나 다음 해 3월 초 그 집 가정 형편으로 약국이 폐업하게 되었다. 염전으로 다시 돌아가기는 너무 싫어서 서울에 가기로 결심했다. 그 염전 사장님은 목포의 자기 집에 그냥 있으라며 서울 가기를 한사코 만류했다.

나는 서울 가기를 포기하지 않고 기어코 서울행을 결심하고 그 섬의 큰아버지를 비롯한 친척들에게 하직 인사를 하러 내려갔다. 친척들은 하나같이 염전 사장이 그렇게 만류하면 있다가 좋은 일자리 구해 주면 있을 것이지 왜 어리석은 고집을 부리냐며 들어온 복을 차는 어리석은 짓이라고 냉소하며 비웃기까지 했다. 그때의 그 가난한 섬에서는 목포의 점원 자리는 선망의 대상이었다. 부모도 재산도 없고 서울에 아는 사람도 없고 거기에 더하여 신분도 좋지 않은 것을 알고 있는 친척들은 조심하고 잘 가라는 덕담은커녕 내다보지도 않았다. 그런 냉대 속에서도 나는 오히려 입술을 깨물며 어차피 죽을 운명이라면 서울 가서 죽자고 다짐했다. 그날 오후에 목포에 식량과 장작을 싣고 간다는 품선이 있어, 여객선의 선비도 아낄 겸 찾아가서 목포까지 태워 달라고 사정했더니 허락해 주어 배에 탔다.

　초저녁이 되어서야 밀물이 들어와 배가 뜨고 뱃사람 둘이서 삿대로 배 뒤 양쪽에서 밀어내 깊은 바다까지 나가서 돛을 올리니 바람을 타고 배는 조용히 나가기 시작하고 뱃전에 부딪히는 적은 물결 소리만 들릴 뿐이었다. 키를 잡은 나이 지긋한 선원이 한 사람만 남고 모두 선실로 내려가 자라고 하여 나도 따라 내려가 잠을 잤다. 얼마나 지났을까 잠결에 들으니 배 위에서 두런거리는 사람 소리가 났다. 나는 잠에서 깨어 옆을 보니 같이 자던 뱃사람들이 한 사람도 없었고 나만 누워 있었다. 나는 얼른 일어나 뱃전으로 나갔다. 바람 한 점 없고 칠흑같이 어두운 밤에 수없이 많은 별들만 쏟아지듯 반짝이고 있었다. 그 신비스러운 장관을 넋을 잃고 올려다보았다. 바람이 전혀 없으니 배는 나가지 못하고 노를 저어서 갈 수밖에 없었다. 보통의 나룻배의 노보다 훨 크고 긴 노가 배 뒤 양쪽에 두 개가 있었다. 나룻배의 노는 한 사람이 저었으나 이 노는 두 사람이 맞잡고 네 사람이 두 개의 노를 저어나갔다. 삐그덕삐그덕 노 젓는 소리와 가쁜 숨소리만 조용한 밤바다에 퍼져나갔다. 나도 그냥 있을 수 없어 교대로 노를 저었다. 배는 그냥 앞으로 나갔으나 동서남북 어느 쪽인지 알 수 없었으나 키를 잡은 나이 지긋한 선원이 별을 보고 방향을 아는지 배는 계속 나아가고 있었다. 나는 차츰 불안해지기 시작했다. 이틀 후면 미지의 땅 서울에 가기로 결심했기 때문이다. 조금 전의 친척들의 싸늘한 냉대와 함께 서울에서의 삶이 이렇게 칠흑같이 어두운 삶이 아닐까 하는 두려움이 함께 노를 저으면서도 계속 머리에서 맴돌았다. 그런데 얼마나 지났을까 저쪽 하늘이 붉게 밝아오기 시작했다. 여명이 밝아오고 곧 이어서 얼마 후 맑은 태양이 곱게 솟아올랐다. 순간 그럼 그렇지 내 앞에 어둠이 걷히고 저렇게 밝은 태양이 비추는 좋은 일만 있을 거야 하는 환희와 감격에 가슴이 뛰었다.

그 후로 태양에 관한 것이면 시도 영화도 좋아했다. 서울에 올라온 후 어느 해인가 새해 동아일보 첫 신문에 박두진 시인의 시 '해'가 실렸다.

"해야 솟아라 해야 솟아라 말갛게 씻은 얼굴 고운 해야 솟아라"

나는 이 시를 다 외우지는 못하지만 이 첫 구절만은 잊어버리지 않고 아침 운동을 가면 떠오르는 맑은 태양을 보며 입속으로 외어 본다. 그리고 영화로는 마가레트 미첼의 소설 '바람과 함께 사라지다'의 영화 마지막 부분이 너무 좋아 장편 영화이지만 여러 번 보았다. 남북전쟁이 끝나고 노예들도 떠나고 사랑하는 딸은 낙마 사고로 죽고 남편마저 떠나버린 애틀랜타의 작은 언덕에 말 위에 올라 앉아 석양의 지는 태양을 바라보며 여주인공 '스카아렛 오하라'의 "내일은 또 다시 저 태양이 떠오를 거야" 하고 중얼거리는 모습이 너무 좋았다. 작년 어느 때인가 효창공원 백범 기념관에서 강의 초대가 있어 아침 일찍 나갔다. 그런데 마침 기념관 소나무 사이로 태양이 떠오르는 모습이 보여 휴대폰을 꺼내 들고 사진을 여러 컷 찍었다. 그때 인기척이 있어 돌아보니 평소 안면을 익힌 노신사가 서 계셨다. 왜 그렇게 태양을 찍느냐고 묻기에 내가 평소에 태양을 좋아하는데 오늘 이 자리에서 저 떠오르는 태양을 보며 백범 선생이 일본 헌병들에게 쫓기면서 타국의 산하에서 매일 떠오르는 저 태양을 보며 얼마나 고국이 그리웠을까, 얼마나 조국의 독립을 염원했을까를 생각하니 자꾸 여러 컷을 찍게 된다고 했더니 동감하면서 내 휴대폰에 찍힌 많은 태양 사진을 보며 태양의 어떤 점이 그렇게 좋으냐고 물었다.

"태양은 귀천, 빈부, 남녀, 노소 그리고 온 세상 만물에게 조금의 차별도 없이 골고루 그 찬란한 빛과 따뜻한 볕을 주니 이 얼마나 감사한 일입니까? 그래서 나는 아침에 떠오르는 저 황홀한 태양을 보면 가슴이 벅차오릅니다." 하고 대답했다. 그러자 시내에서 만나 차나 한잔  하자고 하기에 나가서 만났다. "수십 장의 태양 사진을 보고 느낀 바 있어 외람되지만 황 선생 아호를 한번 만들어 봤습니다." 하면서 내 이름 끝 자에 볕 양자를 붙여서 재양(在陽)이라는 아호를 지었노라며 어색해했다. 나는 너무 고맙다며 이 호를 기꺼이 감사하게 쓰겠다고 하였다. 오늘도 나는 아침 운동을 나가서 떠오르는 여명에서 솟아오르는 맑은 태양을 휴대폰에 찍으며 설레는 마음으로 하루를 시작한다.

동족상잔

인류 역사에는 무수한 이민족 간의 살육이 있었고, 동족 간의 끔찍한 살육도 많이 있었다. 그 중에서 크게는 몽골제국의 징기스칸의 유럽 원정에서 어떤 성을 점령하면 그 성에 있는 군인은 물론 주민 모두를 학살한 일도 있었다고 한다. 또 미국을 점령한 백인들은 토착 인디언들을 모두 죽이고 그 땅을 빼앗았다. 지금은 살아 있는 소수의 인디언들을 국립공원에 따로 모여 살게 하고 있다고 한다. 중일 전쟁 당시 일본인들이 남경에서 수십만의 중국인을 학살했으며, 제2차 세계대전 중에 독일은 헤아릴 수 없이 많은 유대인들을 독가스실에서 학살했다. 그리고 동족 간의 살육도 세계 곳곳에서 많이 있었으나, 우리 민족에게는 유달리 많은 것으로 알고 있다.

해방 이후 한반도 북쪽에서는 김일성의 공산당이 친일 행각을 했다는 이유로, 또 지주 계급이라고 프롤레타리아와 반대되는 부르주아라며 많은 양민을 재판도 없이 소위 인민재판이라는 야만적 방법으로 학살했다. 역시 한반도 남쪽에서는 제주 4.3 사건 때 군경과 서북 청년단이 합세하여 수많은 양민을 학살했으며, 뒤이어 일어난 여순 사건 때는 반란군들이 경찰 가족이라며 지주들과 그 가족, 또 우익 분자라며 무차별 학살하였다. 곧이어 전남 지역에 위수령이 발동되어 국군이 진주하였고, 역시 좌익분자라며 재판도 없이 조금의 의심만 있어도 모두 죽였다고 한다.

또 1950년 6.25 전쟁이 나고 서울을 버리고 도망가던 이승만이 전국 경찰에 명령하여, 이제까지 좌익에 연루됐던 사람들을 교화시킨다며 조직되었던 보도연맹 회원들을 각 경찰서 단위로 소집하여 역시 재판도 없이 모두 학살했다. 지리산 근처 거창에서 공비 토벌을 하던 김종원은 공비들과 내통했다며 온 부락의 아녀자들까지 모두 학살했으며, 그 공로로 이승만에게 잘 보여 후일 치안국장까지 했다. 이 모두는 내가 직접 보지 못하였으나 역사적 사실로 모두 밝혀졌다.

내가 직접 보고 가까이서 들은 것은 1947년부터이다. 내가 중학교 1학년 때의 일이다. 걸핏하면 교실로 상급생들이 찾아와 의자를 들고 휘두르며 공부 그만하고 집으로 돌아가라고 모두 몰아냈다. 소위 좌익 학생들이 선동하는 동맹 휴학이었다. 그때 우리가 잘 아는 상급생 중의 한 명이 서북 청년단들에게 붙들려 끌려가 매 맞아 죽었다고 하여 우리는 얼마 무서움에 떨었는지 모른다. 어떻게 사람이 사람을 때려서 죽일 수 있을까, 상상이 되지 않았다.

그 후 여순 사건의 다음 해인 1949년 봄에 지금은 광주광역시로 편입된 광산군 지산면의 외사촌 누님 집에 놀러 갔었다. 누님 집 마루에 앉아 숲이 없고 풀만 있는 건너편 야산이 길게 흙이 덮여 있어 "저게 왜 저러냐"고 물었더니, 누님이 공포에 질린 표정으로 자초지종을 얘기했다. 어느 날 한 무리의 군인들이 와서 옆으로 길게 구덩이를 파더란다. 그때는 위수령이 발동돼 있을 때라 부락 누구도 물어보지 못하였는데, 다음날 죄수복을 입은 사람들을 손을 뒤로 묶고 다시 긴 밧줄로 연결해 가지고 와서 파 놓은 구덩이 앞에 앉혀 놓고 군인들이 내려가고, 곧이어 기관총 소리가 요란하게 울리고 나서 총알을 맞은 사람들이 뒤로 넘어져 구덩이로 빠져 보이지 않게 되자 다시 군인들이 올라와 조금 전에 파 올렸던 흙으로 구덩이를 메우고 갔다고 말하며, "어떻게 같은 동포끼리 그렇게 잔인할 수 있냐"고 공포에 떨고 계셨다. 오후가 되어 무서워 나올 수가 없어 그 밤을 누님 집에서 보내고 다음 날 낮에 나왔다.

그리고 다음 해 6.25 전쟁이 나고 우리 가정의 형편을 나는 어쩔 수 없이 형님을 따라가기로 했다. 우리가 원래 살던 곳은 전남 장성군 진원면이라는 곳으로, 뒤로 꽤 높은 불대산이라는 산이 있고 그 앞에는 넓은 평야가 있었으며, 그 평야의 끝이 광주와 가까운 광산군 비아면이었다. 유엔군의 인천상륙작전으로 전세는 역전되어 10월에는 군인과 전투 경찰이 광주에 진주해 있었으며, 낮에는 전투 경찰들이 들판을 건너와 진원면 지서를 점령하고 면의 치안을 유지하고 있었으며, 밤에는 공비들의 습격을 염려하여 광주로 철수했다. 그때 토착 공비들은 낮에는 불대산 자락에 숨어 있다가 밤이면 부락에 나가 식량도 얻어오고 기타 생필품도 얻어왔다.

　그러던 어느 날, 30대 남자를 손을 뒤로 묶어 결박하여 데리고 왔다. 반동 새끼를 잡아 왔다면서 의기양양했다. 그리고 다음 날 초저녁에 그 사람들이 나를 부르더니 "동무는 장차 당원이 될 것이니 지금부터 당성을 길러야 한다"며 같이 가자고 했다. 나는 영문도 모르고 따라갔다. 앞의 한 사람이 몽둥이 두 개를 들고, 두 사람이 결박한 사람의 팔을 잡고 한 손에는 각각 삽을 들고 있었다. 산자락에 조금 움푹 들어간 곳에 그 사람을 앉히더니 한 사람은 앞에 섰고, 두 사람이 가지고 온 몽둥이로 앉은 사람의 뒤통수를 번갈아 치니 신음 소리 한 번 하고 앞으로 쓰러져 움직이지 않았다. 그러자 양옆의 얕은 언덕의 흙으로 웅덩이를 메우고 시신을 덮고 발로 몇 번 밟고는 아무 일도 아니라는 듯 그 자리를 떴다. 퍽 심약한 편이었던 나는 너무 놀라 아무 말도 못하고 무서움에 떨기만 했다.

　그 얼마 후 진원면 지서에 전투 경찰이 상주하여 수시로 불대산 근처까지 오는 일이 잦아져, 전북 순창군 회문산 가마골이라는 곳에 밤새워 도착했다. 그곳은 소위 해방구라 해서 인민군 패잔병도 많이 있었고 전라북도와 전라남도 인근의 토착 빨치산들이 모여 있었다. 이미 낙엽이 모두 떨어진 뒤라 낮에는 비행기가 날아다니며 기관총도 쏘고 폭탄도 투하하니 굴 속에만 있어야 했다. 그러던 어느 날 초저녁에 회문산 중턱의 평원으로 모두 올라오라는 전갈이 와서 옆 사람들을 따라 올라갔다. 올라가자 꽤 넓은 평원이 있었고 장총을 멘 인민군 복장의 군인들도 다수 있었으며 그 외에 많은 수의 비무장 빨치산들도 모두 모여 앉아 있었다. 모닥불을 피워 놓은 옆에 손을 뒤로 묶인 세 사람이 앉아 있었다. 조금 후에 인민재판이 시작된다고 소리쳤다. 처음 보는 일이라 어리둥절해서 앉아 있는데, 한 사람이 일어나 그 사람들의 죄상을 큰소리로 외쳤다. 조직을 이탈하여 도망가다 잡혔다고 한다. 조금 후에 무슨 소리인지 잘 알아듣지 못하였으나 여기저기서 "죽이시오, 죽여야 합니다" 하고 외치는 소리가 들렸다. 나는 더 있을 수가 없어 슬그머니 먼저 굴 속으로 돌아왔다. 얼마 있다 굴 속으로 돌아온 사람들에게 들으니 총알이 아깝다며 인민군 장총 끝에 달린 세모난 창으로 찔러 죽였다고 한다. 소름이 끼쳤으나 내색할 수도 없었다.

그 겨울이 지나고 봄도 지난 녹음이 우거진 초여름의 어느 날, 어떤 장소로 모두 모이라고 하여 가보았더니 두 사람을 양손을 묶어 나뭇가지에 매달아 놓고 축 늘어진 사람의 신발과 양말을 벗기고 몽둥이로 발등을 때렸다. 처절한 비명을 지르다 얼마 지나지 않아 축 늘어져 비명도 없었다. 역시 도망가려다 잡혔다는 것이다. 더 볼 수 없어 굴 속으로 얼른 돌아왔다. 다음에 들으니 그 근방 어느 골짜기에 죽여서 묻었다고 한다. 지금 이 글을 쓰면서도 그 단말마의 비명소리가 들리는 듯 가슴이 떨린다.

이렇게 끔찍하고 잔인한 동족상잔의 비극이 사실로 있었으니, 우리 민족의 피 속에 그런 악마적인 잔인함이 있었을까. 눈을 감고 생각해 본다.

김치

 한국 사람이면 누구나 김치가 없으면 밥을 먹어도 먹은 것 같지가 않다는 것에 공감을 할 것이다. 아무리 잘 차려진 진수성찬이라도 김치가 빠지면 안 되고 김치 한 가지만 있어도 밥을 잘 먹는다. 김치는 혈중에 있는 콜레스테롤을 떨어뜨리고 항암효과가 있으며 정장작용을 한다는 것이 과학적으로 입증이 되었다고 한다. 일제 식민지 시절에는 김치와 마늘 냄새가 난다며 한국 사람들과 엘리베이터를 같이 타기 싫어하던 일본 사람들은 이제는 김치를 많이 먹으며 미국 사람들과 기타 외국 사람들도 김치를 좋아한다고 한다. 이러한 김치에 대하여 나에게는 몇 가지 추억이 있다.
 내가 초등학교 시절 우리 집은 중농이어서 동네 아주머니들까지 와서 김장을 많이 한 것으로 기억한다. 장독대에 내 키만큼 큰 여러 개의 항아리에 김장을 담가 놓았다. 가을이 지나 겨울이 깊어지면 맨 위의 우거지가 하얗게 회색으로 변해 있었다. 그때 어머니는 누님과 형수를 시켜 그 우거지를 꺼내게 하여 물에 깨끗이 씻고 잘게 썰어서 쌀을 평소보다 적게 넣고 밥을 하게 했다. 그때 우리들은 그 밥을 김치덮은밥이라 했다. 부잣집에서 시집 온 형수는 광의 쌀독에 쌀이 가득가득 있는데도 어머니는 이렇게 하신다며 투덜거렸고 나와 동생은 짜증을 내며 흰밥을 달라고 앙탈을 부렸다. 그러나 식구 어느 누구도 근엄한 어머니에게 대들며 얘기하지 못하고 먹을 수밖에 없었다. 그러면서도 어머니는 가난한 사람들에게 어려운 일이 생기면 함지박에 쌀을 가득히 담아 손수 머리에 이고 가져다주었다. 지금도 검정 치마 흰 저고리의 어머니의 뒷모습이 눈에 어린다.

두 번째는 1953년 광주의 빨치산 포로수용소에 있던 나는 휴전협정이 이루어져 미성년 포로들은 무죄 석방하라는 대통령 특명이 내려져 석방되었으나 갈 곳이 없던 나는 여름방학에 가보았던 전라남도 신안군의 낙도에 있는 큰아버지 집으로 갔다. 그해 흉년이 들었고 큰아버지 집은 열 식구가 넘는 대가족이었다. 아침만 보리 섞인 밥이었고 점심과 저녁은 죽이었다. 그 섬에서는 동치미는 그냥 바닷물을 길어다 항아리에 붓고 거기에 무를 넣어두면 짜지도 않고 그렇다고 아주 싱겁지도 않아 먹기가 아주 좋았다. 넷이 겸상하고 있는 밥상에 큰 사발 가득히 동치미가 담겨 있었다. 밥은 더 달라고 할 수 없어 나는 정신없이 허겁지겁 동치미를 먹어 허기진 배를 채웠다. 그렇게 하기를 며칠 후 내 밥그릇 옆에 작은 보시기에 따로 동치미를 담아 주었다. 순간 서러운 생각이 들었다. 내 어머니였으면 얼마나 배가 고팠으면 저럴까 하고 밥은 더 주지 못할지라도 동치미는 오히려 더 주었을 것이다. 밥을 먹고 나와서 저쪽 남새밭 귀퉁이에 있는 감나무 아래 서서 먼 하늘을 보며 서러운 눈물을 흘렸다.

　세 번째는 서울에 올라와 첫 겨울이 되었을 때 설렁탕집에 심부름하고 있던 동생을 데려와 북아현동 산 위에 피난민들이 지은 집에 방 한 칸을 얻어 자취를 시작했다. 그리고 이웃집 아주머니 두 분에게 수고비를 드릴 테니 김치를 담가 달라고 부탁하며 우리는 김치 외 다른 반찬을 사 먹을 형편이 안 되니 오래 먹을 수 있게 짜게 해달라고 당부했다. 보름쯤 지나서 김치를 먹으려고 독 뚜껑을 열어 보았더니 김치 색이 검은색이 도는 회색이었다. 너무 짜서 먹을 수가 없었다. 우리 형편에 버릴 수는 없어 아침에 장사 나가면서 세숫대야에 김치를 조금 꺼내 담고 물을 가득 부어 두었다. 저녁에 와 보니 짠기가 많이 가시어 집에 있는 된장에 김치를 썰어 넣고 된장국을 끓여서 그 겨울 내내 먹었다. 그 다음 해에 어떤 집에 초대를 받아 갔었다. 집주인은 개성 분이었으며 점심에 그 유명하다는 개성 보쌈김치를 내왔다. 보자기처럼 덮어진 배춧잎을 들추니 그 속에 생태 토막을 비롯한 갖가지 재료가 들어 있어 특유의 맛을 지금도 잊을 수가 없다.

　지난 12월 초순에 전라남도 해남군청에서 운영하는 회사에서 절임 배추를 주문해서 김장을 하고 나도 옆에서 거들었다. 아내가 절임 배추가 조금 싱겁다며 소금을 더 넣으려 하자 나는 기겁을 하며 만류했다.

　김장을 끝마칠 무렵 집 전화의 벨이 울려 받아보니 미국에 사는 며느리였다. 어제는 어데 가고 전화를 안 받았느냐고 물었더니 교포들 몇 집이 모여서 함께 김장을 했다고 했다. 어느 티비에서 보니까 뉴욕 사람들도 김치를 잘 먹는다고 하던데 거기 미국 사람들도 김치를 먹느냐고 물었더니 집에 초대해서 김치를 대접하면 매워서 호호하면서도 '굿굿'을 연발하며 잘 먹으며 얻어 가기까지 한다고 하였다.

오늘 우리도 어머니와 둘이서 김장을 담근다고 말했더니 도와드리지 못해서 죄송하다며 전화를 끊었다. 김장을 끝내고 늦은 점심을 먹었다. 겉절이에 돼지고기 수육을 싸서 먹는 것은 너무 좋았다. 언제 준비했는지 아내가 막걸리를 내와서 한 사발 마셨더니 금상첨화였다.

우리나라 검찰

 우리나라 검찰은 수사권과 기소권을 다 갖고 있는 세계에서 드문 막강한 권력기관이다. 국민들은 자신의 안전을 지키기 위해 이 국가기구를 만들었고 그 유지 운영 비용을 부담하고 있다. 따라서 이 기구가 어떤 규모로 유지할 것인지 이 기구가 어떤 일을 맡게 될 것인지를 국민들이 결정한다. 그러나 현실에서는 국민들이 자신의 안전을 지키기 위해 만들어 놓은 국가기구가 거꾸로 국민을 지배하려고 나서는 사례가 많았다. 오랫동안 검찰이 정치 권력 유지에 동원되었고 정치적 비판세력을 죽이기 위해 동원되기도 했다. 심지어 자본의 요구에 따라 물리적 힘으로 산업평화를 강압하기 위하여 동원되기도 했다. 그래서 검찰에는 자신의 권력과 결속을 다지는 자신들의 용어가 있다. 이른바 '상명하복', '검사동일체' 용어 외에 만용의 극치인 '무소불위'라는 용어도 있다. 우리나라 검찰의 무소불위의 만용과 오만에 대한 세간의 우스갯소리가 있다. 검찰에서 조사를 받고 있는 피의자가 계속 묻는데도 순순히 자백을 하지 않고 계속 부인하자 검사가 의자에 비스듬히 앉아 한쪽 다리를 흔들면서 피의자를 곁눈질하며 "이봐요 당신 우리나라 검찰을 어떻게 보고 그렇게 버티는 거야. 우리나라 검찰로 말할 것 같으면 로마 교황도 일단 들어왔다 하면, 빠져나가지 못한다는 것을 아직 모르고 있는 것 같은데 어디 얼마나 버티는지 두고 봅시다." 하고 으름장을 놨다고 한다. 내가 겪은 검찰의 오만한 횡포도 지금 다시 생각해도 분하고 치가 떨린다.

  1990년이다. 1987년 강원도 태백에 동생이 소유한 무연탄광산이 운영에 어려움이 있다고 하여 내가 내려가 3개월가량 현지에 체류하며 봐준 적이 있었다. 그 후 그 광산은 어느 도청 소재지에 있는 연탄공장에 빼앗기고 동생은 파산하고 말았다. 3년 후 강원도 태백시에 있는 장성경찰서에서 횡령 혐의로 고소되었으니 출두하라는 연락이 왔다. 법률 사무소에 가서 상담을 했더니 본인 거주지 경찰서로 이첩해 조사받을 일이 있다고 했다. 내 거주지인 종암경찰서로 이첩 받아 조사를 받았는데 아무런 증빙 서류도 없이 상대방의 일방적 진술만 있어 무혐의 처리되었다.

  그런데 이번에는 강릉검찰청에서 언제까지 출두하라는 연락이 왔다. 나는 아무 거리낌이 없었으므로 지정한 날에 강릉검찰청에 출두하여 어느 검사실로 안내되어 들어갔다. 검사 서기가 인적사항을 확인하고 심문을 시작했다. 내용은 이전의 고소 사건과 같은 것이었다. 나는 계속 부인하였고 그 서기는 계속 집요하게 추궁했다. 내가 하도 답답하여 그 서기에게 "아니 이것은 법 이전에 상식적으로도 맞지 않은 일 아니냐"며 대꾸했다. 그때 안쪽 문이 열리고 사십대 초반으로 보이는 젊은이가 나오며 대뜸 반말로 "상식 좋아하시네" 하며 비아냥거렸다. 그가 검사였고 심문이 본격적으로 시작되었다. 계속 추궁하였으나 나는 시종일관 부인하니 나중에는 검사가 당신 그렇게 버터 봐야 여기에서 나갈 수 없다며 엄포를 놨다.

그리고 오후가 되자 검사가 신청한 구속 영장을 판사가 승인했다며 강릉구치소로 데려갔다. 겨울이었다. 구치소 감방에 밀어 넣으며 뒤에서 철거덕거리는 그 철문 소리가 지금도 생생하며 그 검사의 이름도 잊지 않고 있다. 그 후 재판을 받고 1년 징역에 2년 집행유예로 석방되었다. 최종 판결 때 판사가 의미 있는 말을 했다. 피고는 계속 끝까지 부인하는데 정 그렇다면 상급 법원에 상소하라는 일종의 암시성 말이었다. 서울에 올라와 바로 상소했고 3개월 후에 무죄 판결을 받았다.

나를 기소한 그 검사는 서울지점으로 영전성 전근을 하였으나 나의 무죄 판결로 경남 창원지검으로 전보되었다고 들었다. 그 시절 지방에서는 젊은 검사에게도 지방 유지들이 검사 영감이라고 이조시대 존칭을 써가며 우대했다. 그래서일까 평소에 예의 바르고 공손했던 사람도 검사가 되면 오만방자해졌다.

내가 크게 실망한 일이 또 있었다. 서울의 길거리에 우연히 만나게 된 국민학교 동창생이 있었다. 중학교도 같이 다녔으며 광주에서 집에 걸어오는 토요일에는 그의 집에 들러서 그 어머니가 해주시는 맛있는 파김치에 점심을 얻어먹었던 일도 자주 있었다. 1959년경 그때의 서울에는 각 지방에서 올라온 청년들이 많으나 직장은 하늘의 별 따기였고 노동 현장에서도 기술자들의 눈 밖에 나면 조수 노릇도 하지 못했다. 그의 동생은 모 신문사 편집국장실 사환으로 있으면서 그의 개인 잔심부름도 하며 학교에 다니고 있었다. 그 친구는 자기 처지에 대해 그리고 세상과 자기 동생에 대해 항시 불만하고 원망하고 비관하다가 결국 비극적으로 생을 마감하고 말았다. 일찍 결혼해서 딸도 있었는데 시골에서 며느리와 손녀 셋이서 살고 있던 어머니는 아들이 죽고 며느리는 개가하여 집을 나가니 손녀와 같이 지내다가 나이 들어 힘이 달리어 농사도 지을 수 없어 서울의 작은아들 집으로 왔다. 마침 작은아들도 결혼하여 금호동에서 미곡 장사를 하고 있었다. 내가 찾아가 인사를 드렸더니 나를 붙잡고 서럽게 우셨다. 그 후 나는 설날과 추석에 꼭 찾아가 인사를 드렸다.

그렇게 15년이 흐른 후 그 어머니는 시름시름 앓으시다가 어느 봄날 돌아가셨고 나는 시골의 장지까지 따라가 봉분하는 것까지 보고 돌아왔다.

그해의 추석에 예고도 없이 그 어머니의 아들과 당시 대학생이던 손자가 인사차 찾아 왔다. 그 손자는 나에게 큰절까지 했다. 나는 이렇게 찾아와 주어서 고마우나 이번 한 번으로 끝내자며 그간 십여 년을 설과 추석에 빠짐없이 인사를 다녔는데 농경사회도 아니고 시간에 쫓기는 산업사회에서는 쉽지 않은 일이었다며 만류했다. 그 후 8-9년이 흐른 후 그때 대학생이었던 그 손자가 검사가 되어 부산 지점에 근무한다는 소식을 들었다. 어느 날 지인과 술자리에 대화를 나누다가 우연히 무슨 얘기 끝에 그 검사 얘기를 자랑 삼아 했다. 그러자 자기 가까운 친척이 부산 지검에서 조사를 받고 부산 구치소에 수감되어 있는데 무슨 연유인지 몰라서 궁금했는데, 그런 사이의 사람이 검사라면 좀 연유를 알아봐 달라고 사정했다. 별로 어려운 일이 아닐 거라고 생각하여 승락하고 며칠 후 부산지점에 데려갔다.

부산지점에 도착한 것은 오후 3시경이었다. 그런데 할머니 살아계실 때 내가 가면 깍듯이 인사했고 할머니 돌아가신 후 첫 추석에 우리 집에 인사 왔을 때는 큰절까지 했던 그 학생하고 저 안쪽에서 문을 열고 나오면서 어쩐 일이냐는 듯 고개만 까닥하는 그 검사는 너무나 달라져 있었고 너무나 의외였다. 그러나 내색하지 않고 용건을 얘기했더니 일언지하에 그것은 내 소관이 아니어서 알 수 없다고 잘라 말했다.

그때 검사가 높은 줄은 알았지만 이렇게 범접할 수 없게 높은 줄은 몰랐다. 더 있을 수가 없어 가겠다고 나오는데 문밖까지 나오지도 않고 고개만 까닥하고 돌아서 자기 방으로 들어갔다. 검사가 되면 저렇게 사람이 바뀌는가 너무 섭섭하여 검사실을 나와 엘리베이터 앞에서 한참을 검사실 문 쪽을 바라보았다.

요즈음 검찰개혁이 한참 화두에 오르내리고 있다. 물론 법과 제도로서의 검찰개혁도 필수지만 차제에 '무소불위'라는 검찰의 만용과 국민 위에 군림하는 오만방자함도 고쳐졌으면 하는 간절한 바람이다.

한강

　한반도에 사람이 살기 시작한 이래 한강은 이 땅에 터를 잡고 살았던 우리 선조들의 삶을 휘감으며 지금까지 흘러왔고 앞으로도 그렇게 흘러갈 것이다. 굴곡 많은 역사를 버티어온 민초들의 삶에 비유되기도 한다. 동에서 서로 흐르다가 서해로 안기는 한강은 이 땅의 사람들에게 희망과 고난과 상처를 감싸 안으며 흘러왔다. 그래서 한강은 민족사의 상징이자 어머니 같은 존재로 표상되어 왔다. 예로부터 한강은 옛날의 시조부터 현대 시 또 많은 문학작품으로 그리고 그림과 노래로 우리의 민초들의 마음에 아로새겨져 왔다.
　그 한강을 내가 처음 본 것은 1956년 봄이었다.
　사고무친한 서울에 전남 목포에서 서울행 야간 완행열차를 타고 오는 데 밤새껏 이런저런 생각에 시달리다가 깜빡 잠이 들었는데 주위에 두런거리는 소리가 나서 잠에서 깨어 들으니 "야 한강이다" 하며 서로서로 무엇이라 말하는 것이었다. 나는 안쪽의자에 앉았다가 얼른 창 쪽으로 가서 밖을 바라보았다. 이제까지 전남 광주에서 가까운 극락강역에서 기차 통학을 하며 영산강 지류인 극락강만 봐오던 나에게 한강은 강이 아니라 바다였다. 그때는 한강철교 이남에는 지금처럼 다리가 없어서 끝없이 길고 넓은 망망대해 같았다. 처음 보는 이 바다 같은 강을 보며 서울도 나의 상상 이상으로 이 한강같이 무한히 넓고 큰 곳이라는 생각에 새삼 두려움과 설렘으로 가슴이 벅차올랐다.

한강을 지나 기차는 용산역에 정차했고 나는 내려서 물어물어 청파동 입구에 있는 설렁탕집에 맡겨져 있던 동생을 찾아가는 것으로 사연 많은 서울 생활이 시작되었다. 섬 염전에서 2년간 염부로 일하면서 그 섬에서는 전혀 돈 쓸 일이 없어 꼬박꼬박 모은 돈으로 그 당시 서대문구 북아현동 언덕배기에 피난민들이 지어 놓은 무허가집 쪽마루가 달린 방을 월세로 얻어 자취를 시작하며 지금의 충무로 세종호텔 뒤쪽에 부산의 국제시장에서 장사하던 피난민들이 너도나도 2층 단독주택을 짓고 있는 아무 현장이나 찾아가서 일을 시켜달라고 사정하여 미장공이나 벽돌을 쌓는 조적공 또는 목수의 보조일 등을 닥치는 대로 하였다.

그렇게 일을 하며 보름에 한 번씩 임금을 계산하여 받으며 한 달에 하루씩은 쉬었다. 그런 날이면 점심을 먹고 집을 나와서 아는 곳도 친구도 없는 나는 아현 고개에서 전차를 타고 마포 종점에 내려 강둑에 올라가 한강을 바라보는 것이 유일한 즐거움이었다. 강변에는 수십 명을 아낙네들이 빨래를 하고 있었고 여의도까지는 나룻배가 연신 사람들을 실어 나르고 있었다. 건너편 여의도 백사장에는 많은 사람들이 수영도 하며 놀고 있었다. 또 나룻배보다 조금 큰 배에는 육칠 명이 투망질을 해서 물고기를 잡아 즉석에서 요리를 해서 먹으며 노래도 부르며 즐겁게 놀고 있는 모습도 보였다. 나는 강둑에 앉아 지금은 없어진 당인리 발전소 옆으로 한없이 멀리 잔물결을 일으키며 도도히 흐르는 한강 물을 넋을 잃고 바라보며 가늠할 수 없는 나에 대한 걱정도 잠시 잊어버렸다.

겨울이 되어 노동일도 끝나고 다음 해부터 길거리에 앉아 노점 장사를 시작하고부터는 한강에 나갈 시간이 없어 잊고 지냈으며 여러 가지 사업에 바빠서 한강에 나가볼 마음의 여유도 없었다.

2017년 촛불집회에 나가면서 겨울에 점퍼를 입고 거기에 달린 모자를 뒤집어쓰고 일부러 한강 다리를 걸어서 건넜다. 그때마다 주위의 불빛에 잔물결이 반사되어 도도히 흐르는 한강을 보며 나도 모르게 힘이 났다. 더욱이 청와대 앞까지 갔다고 돌아 나오는 사람들의 움직임이 한강의 잔물결 같은 느낌이 들어 한강 물처럼 그 도도함을 누구도 막을 수 없을 것 같았다. 특히 박근혜 대통령 탄핵이 결정된 다음 날 마지막 촛불집회를 마치고 돌아오는 밤에도 한강 다리를 걸어서 건넜다. 그날따라 불빛에 반짝이는 잔물결과 도도히 흐르는 강물이 더욱 장엄해 보였다.

그 후로도 가끔은 한강 다리를 걸어서 건너며 중간에 서서 난간을 붙잡고 잔물결을 이루며 흐르는 한강을 내려다보며 옛날 처음으로 한강을 경이롭게 바라보던 아련한 추억을 반추해 본다.

며칠 전 무척 더운 날에도 한강 다리를 건너며 갖가지 상념에 잠겼다. 이날따라 한강이 더 장엄해 보였고 난간을 잡고 아래를 내려다보니 지나간 역사의 한 장면도 떠올랐다.

육이오 당시 한강을 건너 먼저 도망간 이승만 대통령이 녹음방송을 통해 서울을 기필코 사수하겠으니 시민들은 동요하지 말고 있으라는 거짓말에 속아 안심하고 있다가 갑자기 밀고 들어오는 인민군을 피해 남부여대하여 한강을 건너던 많은 시민들이 한강 다리를 끊어 놓은 줄 모르고 달려오다 뒤에서 밀려오는 인파에 떠 밀려서 강물에 빠져 죽은 것을 생각하니 나도 모르게 숙연해졌다. 그러나 한강은 언제 그런 일이 있었냐는 듯 오늘도 여전히 잔물결을 일으키며 도도히 흐르고 있었다. 나는 나도 모르게 옷깃을 여미며 어려운 인생살이지만 저렇게 변함없이 도도한 삶을 살아가야겠다고 다짐해 보았다.

쑥

 쑥은 우리나라의 역사 시작과 함께 등장하는 오랜 식물로서 약효 및 식용 식물로 알려져 왔다. 단군신화에서 환웅이 사람이 되기를 원하는 곰과 호랑이에게 쑥과 마늘을 주어 이것을 먹고 백일 동안 햇빛을 보지 않으면 사람이 되리라 일렀는데 곰은 그대로 지켜서 웅녀가 되었으며 나중에 환웅과 결혼하여 낳은 아들이 단군이라는 건국 설화에 나와 있는 뜻 있는 식물이다. 쑥은 일반적으로 들판의 양지바른 풀밭에 나는 다년초로서 여러 종류가 있는데 각각 모양과 향기 성분 등에서 차이가 난다. 어린 싹을 따서 떡을 해 먹기도 한다.

 쑥은 모든 체질에 이로운 식품이므로 갖가지 형태로 조리해 먹는다. 또 뛰어난 약효 때문에 의초 또는 천연초라는 이름으로 불리기도 한다. 뜸 등 다양한 방법으로 이용하면 질병 예방과 치유의 효과를 거둘 수도 있다. 특히 나에게는 쑥에 대한 조그만 사연이 있다. 내가 어렸을 때 한약방을 하셨던 아버지는 유달리 쑥을 좋아해서 봄이면 쑥으로 국을 끓이게 하셨다. 어린 나에게는 별로 맛이 없었다. 아버지는 말린 쑥으로 어떤 사람에게는 쑥뜸도 해 주었다.

　쑥은 맛이 쓴데도 떡을 해서 먹으면 그런대로 맛이 있었다. 특히 여름에는 마당에서 평상을 놓고 저녁밥을 먹을 때면 말려두었던 약쑥을 평상 약쑥에서 태워 모기와 잡벌레를 쫓기도 했다. 또 어린 시절 자주 설사를 하던 나에게 억지로 쑥즙을 먹였고 그러면 설사가 멎었다. 그렇게 어린 시절을 보낸 나에게 6.25라는 큰 시련이 와서 부모도 돌아가시고 재산도 모두 없어져 갈 곳이 없던 나는 광주에서 학교 다닐 때 여름방학에 두 번 가본 적이 있는 전남 신안군 다도해의 작은 섬에 있는 큰아버지 집으로 갔다. 그 섬에는 병원도 우체국도 그리고 약국도 없었다. 본래 약했던 나는 더욱 허약해져서 조금 찬 음식만 먹어도 금세 설사가 나고 이질이 되어 몹시 괴로웠다. 그럴 때면 곧장 들로 나가 겨우 삼사 센티밖에 자라지 않은 쑥을 뿌리째 뽑아다가 우물가에서 깨끗이 씻어 차돌로 우물가 바위에 짓이겨서 양은 사발에 손으로 쥐어짜서 두세 번 마시면 설사나 이질이 나았다. 쑥이 그렇게 위와 장에 좋은 것이라는 것을 실감했다.

　큰아버지 집에는 남새밭 귀퉁이에 오래된 감나무가 있었고 그 밑에는 자연스럽게 두둑하게 야트막한 언덕이 만들어져 있었다. 나는 그곳의 잡풀을 모두 뽑아내고 호미로 몇 줄의 조그만 골을 내서 어린 쑥을 뿌리째 뽑아다가 심었다. 잡초가 없으니 생명력이 강한 쑥은 금방 그야말로 쑥쑥 잘 자랐다. 7-8센티쯤 자랐을 때 뿌리는 그냥 두고 베어다가 우물가에서 전처럼 차돌로 찧어서 양은 사발에 꼭 짜서 즙을 내어서 마셨다. 그렇게 아침 식사 전 공복에 이십여 일을 계속했다. 그 후 여러 어려운 생활 가운데서도 이제껏 크게 설사를 하거나 이질에 걸려 보지 않았으니 그저 튼튼한 위와 장을 가지고 있다고 느끼고 있다. 또 우리가 정릉에 살고 있을 때 아내와 나는 뒷산에 올라가 쑥을 뜯어 와서 잘 씻어 쇠절구에 넣고 찧어서 즙을 내어 나와 아내의 싫어하는 아이들에게도 억지로 먹였다. 그래서 그런지 아이들이 자라면서 특별히 배탈이 나거나 설사도 거의 없었다.

십여 년 전까지 아내와 나는 여름철에 일요일에 시골에 가서 쑥을 마음껏 뜯어 배낭에 지고 와서 다듬고 삶아서 작은 비닐봉지에 넣어 차곡차곡 냉장고에 넣어 두었다가 늦은 가을부터 겨울 내내 하나씩 꺼내어 된장을 풀어 쑥국을 끓였고 가끔 가다 굴이나 바지락을 넣어 끓이기도 했다. 그러다가 아내가 쭈그리고 앉아 쑥을 뜯는 것을 너무 힘들어해서 여수 거문도에서 쑥을 판다는 광고가 있어 사 봤으나 하우스 안에서 자란 쑥이라 향기가 없어 여름에 재래시장에서 순박해 보이는 할머니가 부대에 쑥을 담아 가지고 앉아서 팔고 있기에 몽땅 사서 가져왔다.

며칠 전에는 우연히 재래시장에 갔더니 쑥이 나와 있어서 짙은 향은 없었으나 그 점포에 있는 것을 몽땅 사 가지고 집에 오니 아직 향도 제대로 나지 않은 쑥을 그렇게 많이 샀냐며 핀잔을 주었으나 그리 싫은 기색 아닌 아내의 표정에 나는 내심 흐뭇했다.

길을 가다가 우연히 어느 식당 앞에 '도다리 쑥국'이라는 입간판이 서 있었다. 오늘은 아내와 함께 그 도다리 쑥국을 먹으러 가야겠다. 그리고 빨리 여름이 와서 짙은 향기가 나는 쑥과 순박한 그 할머니가 보고 싶다.

만년필

만년필은 1800년 초 영국에서 처음으로 만들어졌으며 초기의 만년필을 대중화하는 데 성공한 것은 세계적으로 유명한 파카만년필이다. 현대에서 만년필은 단지 문화의 도구 이상으로 수집의 대상으로 자리 잡게 된다. 성공한 사람이라는 이미지가 강해지면서 선물용으로 인기가 높았다.

1950년대에는 신사복 왼쪽 윗주머니에 파카 만년필을 꽂고 다니는 것이 신사의 품격을 나타내는 것으로 자랑스러워했다. 그래서 그때에는 만년필을 훔치는 만년필 전문 소매치기도 있었으며 결혼식장에서 신랑은 신부에게 금반지를 끼워 주었고 신부는 신랑에게 파카만년필을 신랑 윗주머니에 꽂아 주었다. 그때 시골에서 올라와 신식 결혼식을 올리는 신부가 만년필을 본 적도 없어서 윗주머니에 꽂아 주라는 말만 듣고 만년필을 몸통이 밖으로 나오게 거꾸로 꽂아 주는 우스운 일도 있었다.

내가 만년필을 좋아하는 것은 특별한 의미를 가지고 선물하기 때문이다. 지금부터 십여 년 전의 일이다. 가정 형편이 어려워 겨우 고등학교를 마치고 대학 진학을 포기하고 공무원 시험에 합격하여 9급 공무원으로 여수지방 세관에 근무하게 된 집안 조카가 있었다. 그런 중에도 쉬지 않고 공부하며 성실하게 근무하여 승진을 거듭하여 서울세관으로 전근이 되었으며 서울에서는 야간대학을 졸업하여 세관 내에서도 모범 직원으로 칭송을 받아 어느덧 일급서기관에 승진하여 처음 9급 공무원으로 근무하던 여수세관에 세관장으로 근무하게 되었다는 기쁜 소식을 전화로 받았다. 며칠 후 인사를 오겠다고 하여 남대문시장 외제품 전문 매장에 가서 제일 좋은 값이 비싼 몽블랑 만년필을 사왔다. 그리고 며칠 후 조카 부부가 함께 인사를 와서 축하를 해주며 만년필을 선물했다. 감사해하는 그에게 이제부터는 아랫사람들이 올리는 결재서류에 네가 서명을 해야 할 것이니 이 만년필로 서명하되 반드시 명심해야 할 것은 공평무사한가 정의로운가를 서명하기 전에 꼭 다시 생각해 보기 바란다며 신신당부했다. 그 후 그는 세관장을 명예롭게 마치고 지금은 그곳에서 관세사 사무실을 운영하고 있다.

 다음으로 미국에서 대학에 다니는 손자들이 둘이 있는데 큰 손자가 어느 여름에 한 달 동안 연세대학교 한글학당에서 한글 공부를 마치고 돌아갈 때에 몇 권의 책과 함께 파카 만년필을 사주며 너의 엄마에게 만년필을 맡겨 놓았다가 대학을 졸업하고 사회에 나갈 때 받아가라고 일렀다.

 둘째 손자는 현지 한인교회에서 여름방학 중에 인솔자를 따라 한국의 농촌에 자원봉사를 하고 돌아가는 날 공항에 나가서 역시 몇 권의 책과 함께 파카 만년필을 사주었다. 그리고 얼마 후 미국의 아들에게서 전화가 걸려 왔다. 선물을 받고 손자들이 의미 있는 선물이라며 무척 좋아한다고 하며 아들의 목소리가 퍽 기쁨에 찬 울림이었다.

최근에 나는 의외의 만년필 선물을 받았다.

광주에서 중학교 삼학년까지 같이 다녔고 육이오가 나던 해에 헤어졌던 친구인데 그는 계속 학교에 다니고 졸업하고 은행에 취직하여 지점장을 거쳐 부장을 끝으로 정년퇴직한 지도 오래되었다. 그 친구는 유일하게 내가 어려울 때 위로의 술자리도 마련해주어 그 고마움에 나도 가끔 술자리를 마련하여 가깝게 지낸 유일한 동창생이다.

우리 글쓰기 모임의 동인지인 키움 수필집을 그 친구에게만 주었다. 그런 며칠 후 저녁 열 시쯤에 그 친구에게서 전화가 걸려 왔다. 상당히 취한 목소리로 대뜸 너 이글 누가 써주었냐며 이실직고하라고 다그치며 내가 너의 학력을 아는데 네가 쓰지는 않았을 것이니 거듭 누가 써 주었냐며 밝히라고 몰아쳤다. 나는 웃으며 다음날 만나서 누가 써 주었는지 알려 주겠다며 전화를 끊었다. 며칠 후 다시 만나니 그 친구가 사과를 했다. 그때는 술이 취해서 횡설수설했다며 나는 글을 잘 모르니 네 글을 평가하지는 못하지만 나는 은행퇴직자를 위해서 은행에서 마련해준 사무실에 나가 장기나 바둑을 두다가 저녁때면 술 한 잔씩 하고 헤어지는 의미 없는 생활을 해왔는데 너는 이렇게 글쓰기를 시도하다니 네가 부럽고 나는 자괴감이 든다며 거듭 사과했다.

그러던 친구가 작년 3월까지는 구부러진 허리로 지팡이를 짚고 나와서 가끔 만났으나 작년 4월부터는 겨우 병원에 가서 몇 시간씩 주사를 맞으며 병원에 가지 않은 평일에는 밖에 나올 수가 없다고 해서 날마다 전화로 위로하며 지냈다.

그러던 중 지난달 자기가 멀리 갈 수 없으니 자기 아파트 앞에 조그만 공원이 있는데 그리로 몇 시까지 와달라는 전화가 왔다. 그 공원에는 나무 그늘 아래 긴 의자들이 몇 개 있었으며 그 친구가 손잡이가 달린 웬 보따리를 옆에 놓고 앉아 있었다. 나를 보더니 옆에 앉으라고 권하며 숙연한 표정으로 나는 오래 살지 못할 것 같다며 보따리를 내게 내밀었다. 이것은 두 번 입어본 옷인데 버리기 아깝고 또 너와 내가 체격이 비슷하여 가져 왔다며 허물하지 말고 받으라며 그 속에서 또 무엇인가를 꺼내며 이것은 만년필인데 너는 글을 쓰니 네게 필요할 것 같아 가져왔다며 받으라고 했다. 나는 기뻐할 수만 없는 착잡한 심정으로 받아 가지고 버스정류장까지 걸어 나오는데 구부러진 허리에 지팡이를 짚고 힘들게 서서 내가 보이지 않을 때까지 손을 흔들고 있었다.

집에 와서 옷을 꺼내 보니 세탁도 한 번 하지 않은 새 옷 그대로의 영국제 고급 런던 포기 바바리 코트였고 만년필은 순금촉이 달린 고급 파카 만년필이었다. 또 한 벌의 만년필은 케이스에 다른 볼펜과 함께 있는 역시 고급품이었다. 나는 그 코트를 펼쳐 놓고 양손에 만년필을 들고 이 세상에 없는 그 친구의 유품을 들고 있는 착각에 빠져들었다.

부채와 선풍기

　부채의 기원은 선이라는 이름으로 중국에서 처음 만들어졌다. 그러나 겉대와 속살이 있고 그 위에 종이를 붙여서 만든 것은 고려가 원조이고 중국에서 역수입했다고 한다. 또 접부채인 합죽선은 전주에서 주로 만들어졌으며 고려 때부터 교역에 널리 쓰였고 특히 천자에게 바치는 중요한 공물의 하나였다고 한다. 옛 이조실록에 의하면 전주 한지의 우수성 때문에 전주 감영에 선자방을 두었고 단오절에는 단오선이라 하여 임금이 신하들에게 합죽선을 하사하는 풍습까지 있었다고 한다.
　우리 집은 내가 어릴 때 전남 신안군의 섬에서 육지인 전남 장성으로 이사했다. 그 섬에서는 부채에 대한 기억이 없다. 장성으로 이사온 후 장성읍에 며칠 장인지는 잘 모르지만 가끔 장날이라고 하며 어머니는 동네 아주머니 몇 사람과 장에 다녀오셨다. 그런 날이면 동구 밖에 나가 어머니를 기다렸다.
　그러던 어느 날 어머니 손에 둥그렇고 색색이 다른 부채가 들려 있었고 어린이용 작은 부채도 하나 있었다. 8.15 해방이 되어서는 태극무늬의 태극선을 비롯하여 다양한 무늬의 부채가 많이 유행했다. 나는 어린이용 부채를 동네 아이들에게 자랑하며 신나게 놀았다.

부채의 용도는 참으로 다양했다. 우선 더위를 식히는 용도로 제일 많이 쓰였고 불화로에 숯불을 피우는데 입으로 훅훅 불며 눈물을 흘렸으나 부채로 살랑살랑 부치면 금세 숯불이 살아났다. 여름철 저녁 크고 긴 대나무 평상 위에서 식구들이 모여 앉아 저녁밥을 먹을 때는 그 부채로 날파리와 모기를 이리저리 휘저으며 쫓았다. 낮에 들에 나갈 때는 햇볕을 가리고 다녔으며 남녀 간 내외가 심했던 시절 동네 좁은 골목길에서 아낙네들은 남정네가 저만치 오면 부채로 얼굴을 가렸다. 양산이 없던 그 시절 여름에 여자들은 손에 들고 다니는 필수품이었다. 초저녁잠이 많았던 내가 어머니 무릎을 베고 금방 잠이 들면 연신 부채로 날파리와 모기를 쫓아 주시던 어머니에 대한 옛 생각이 떠오른다. 그때에 남자들은 바깥출입을 하는 사람들은 주로 접부채인 합죽선을 들고 다녔다. 지금도 여름이면 하얀 모시 두루마기를 입고 당당히 큰 합죽선을 들고 나가시던 아버지의 모습이 눈에 선하다.

20여 년 전 전주의 지방신문 사장을 지내시던 분이 나를 막냇동생처럼 자상하게 보살펴 주셨는데 어느 날 갑자기 작고하시어 급히 전주로 내려가 조문을 했다. 우리 사이를 잘 아시는 사모님께서 각별히 친절하게 맞이 해주셨다. 그 후 어느 절에서 백일탈상을 하신다기에 작은 화환을 들고 다시 갔더니 가족분이 더

없이 반가워하시며 전주의 유명한 장인이 만든 합죽선을 고인이 평소에 아끼던 것이라며 나에게 주셨다. 나는 아내가 깊숙이 보관하고 있던 그 합죽선을 다시 꺼내보며 그분과의 아름다운 인연을 되새겨 보았다. 선풍기가 나오면서 부채는 급속히 사라졌고 가끔 전단지 광고 대신 길에서 플라스틱으로 만들어진 부채가 있을 뿐이다. 합죽선도 어쩌다 연로하신 노인들이 들고 다니는 정도이고 국악 창극에서는 모두 합죽선을 들고 나온다. 선풍기는 육이오 후 미군 부대에서 사용되기 시작되었고 우리 민가에서는 1960년대 후반부터 보급된 것으로 알고 있다. 초기의 선풍기는 달달달 돌아가는 소리가 났고 무게도 꽤 무거웠다.

지금은 무게도 가벼워졌고 소리도 조용하며 강, 약과 시간도 리모콘으로 조절할 수 있는 편리한 제품도 나왔으며 심지어 손에 들고 다니는 손풍기도 나왔다. 나에게는 그런 선풍기에 대한 아픈 기억도 있다.

지금부터 이십여 년 전 갑작스러운 어려움이 닥쳐 오래된 다세대 주택 지하실에 살게 되었다. 여름 삼복더위에는 참으로 참기 힘들었다. 우리 부부는 덜덜 소리가 나는 오래된 선풍기 두 대를 밤새껏 틀어 놓고 잤다. 그때 아녀자들은 선풍기 바람에 질식에 죽을 수도 있다는 떠도는 소문도 있어 나는 자다가 일어나 아내를 흔들어 보기를 몇 번이나 했다. 그 얼마 후 아파트로 이사 오고 몇 년 전에는 미국에 사는 아들이 다니러 나와 최신식 신형 에어컨을 설치해 주어서 지금은 아주 시원하게 살고 있다.

이제 내 나이가 내년이면 구십이다. 나를 무릎 위에 누이고 부채로 날파리와 모기를 쫓아 주시던 어머니의 모습과 하얀 모시 두루마기에 합죽선을 들고 나가시던 아버지의 모습도 아련한 옛날 추억이다. 삼복더위 지하실에서 선풍기 바람에 행여나 어찌 될까 하고, 몇 번이나 일어나자고 있는 아내를 흔들어 보았던 가까운 옛날도 모두 추억으로 다가왔다. 시원한 에어컨 바람 앞에 앉아 아내와 나는 부채와 선풍기에 얽힌 옛이야기를 나누기도 한다.

기다림

　기다림은 누구나 겪었겠지만 나에게는 유달리 여러 가지 기다림이 있었고 요즈음에는 기쁨에 가슴 설레는 기다림도 있다. 내가 국민학교 1학년 때 신안군의 섬에서 육지인 장성군으로 이사를 왔다. 그 군청소재지 읍에서는 며칠에 한 번씩 장이 섰다. 장날이면 어머니가 쌀을 머리에 이고 동네 여자들과 장에 가셨다. 그런 날이면 나는 마을 앞 신작로 옆에 오래된 팽나무 아래에서 어머니를 기다렸다.
　달고 맛있는 엿과 내 고무신 그리고 명절이 가까우면 좋은 옷도 사 오셨기에 그 기다림이 지루하지 않고 즐거웠다. 그 후 내가 광주의 중학교에 다니고부터는 장에 가신 어머니를 기다리는 일은 없었다. 1948년 중학교 2학년 때 한 달에 두 번씩 같이 중학교에 다니던 친구와 토요일에 집에 왔다. 다음 일요일 광주로 다시 가는데 장성읍에서 광주로 가는 버스가 오전 오후 두 번 있었고 그 버스 정류장까지는 4킬로쯤 되는 것으로 기억된다.

그날도 여느 때처럼 점심을 먹고 팽나무가 있는 신작로까지 나오신 어머니의 배웅을 받고 버스 정류장까지 걸어갔다. 언제나처럼 8, 9명 되는 사람들이 기다리고 있었고 얼마쯤 기다리는데 버스가 오지 않자 왜 이리 오지 않는지 모르겠다며 불평들을 시작했고 이슬비까지 내리기 시작했다. 얼마를 더 기다리던 사람들이 오늘은 버스가 오지 않으려나 보다 하고 투덜거리며 하나둘씩 돌아가고 어떤 신사 한 분과 나만 남았다. 해는 기울기 시작했고 거기에 비까지 내리니 나는 그저 막연히 기다릴 수밖에 없었고 차츰 불안감이 엄습했다.

그때 그 신사분이 어린 내가 딱했던지 몇 가지 이것저것 물어봤다 사는 곳과 출신학교를 물어보고 어느 선생님 성함을 대면서 혹시 아느냐고 묻기에 나의 국민학교 6학년 때 담임 선생님이셨다고 대답하였더니 반색하며 그분이 바로 자기 형님이라며 오늘은 버스가 오지 않을 것 같으니 자기 집에 가서 자고 내일 가라며 저쪽에 보이는 마을을 가리켰다. 순간 지루하게 기다리던 불안이 일시에 가셨다. 지금도 그 불안했던 기다림과 그분의 따뜻한 마음씨가 잊혀지지 않는다. 2년 후 1950년 6.25 전쟁이 나고 나는 우리 집 가정 형편으로 학교도 그만두고 형을 따라 산으로 들어가 소위 소년 빨치산이 되었다.

다음 해 1951년 초부터 이상한 유행병이 돌기 시작하여 굴속에서 하나둘 죽어 나갔고 다행히 격리되어 따로 있다가 회복한 사람들도 있었다. 그때 나도 마침 그 병에 감염되어 연두색 잎사귀가 손톱만큼씩 자라나 있는 산딸기 넝쿨 아래로 격리되었다. 너무 무서웠으나 어찌할 도리가 없었다. 밤에는 갖가지 새가 울고 그 울음소리를 들으며 잠이 들었고 또 그 울음소리에 잠이 깨고 새벽 어둠이 걷히고 밝아오면 누가 언제쯤 밥을 가지고 찾아오나 초조하게 기다렸다. 그렇게 하루 한 번씩 찾아와서 머리에 손을 얹어 체온도 재보고 돌아갔다.

그렇게 불안 속에 누워서 기다리기를 4일째 되던 날 머리에 손을 얹어 언제나처럼 열을 재보면서 하루만 기다리면 내일 다시 모두가 있는 굴로 돌아가자고 했다. 이제 살았다는 기쁨과 더 기다리지 않아도 모두가 있는 곳으로 간다는 안도감이 가슴을 메웠다.

다음 해인 1952년 겨울 국군 육군단의 지리산 일대의 공비토벌 총공세가 있었다. 나는 다른 사람들을 따라 어디인지도 모르고 도망가다 어른 키보다 조금 작은 산죽밭을 지나가다 허약한 나는 그 사람들을 따라갈 수가 없어 산죽밭에 그대로 몸을 웅크리고 앉았다. 다행히 왜소한 체구여서 군인들이 발견하지 못하고 저만치 앞서 도망가는 사람들에게 총을 쏘며 그냥 지나갔다. 얼마쯤 지났을까 대포 소리와 총소리가 멀리서 들리고 사방이 조용했다. 일어나서 사방을 둘러보다 산죽밭에서 나와 조금 큰 나무에 기대어 앉았다. 깊은 산속 동서남북 어디인지도 모르고 어디로 어떻게 가야 하는지도 모른 채 그저 망연히 앉아 무엇을 누구를 기다리는 줄도 생각하지 못한 채 기다리고 있었다. 배고픈 것과 죽음의 공포도 다음이었다. 지금도 그 처연한 기다림의 모습이 가끔 떠오르면 몸서리가 쳐진다.

얼마쯤이나 지났을까 석양이 다가오고 있을 때 저쪽에서 세 사람이 오고 있었고 내 몰골을 보고 따라오라고 하여 무작정 따라갔다. 그리고 다음다음날 밤 어느 부락에 밥을 얻어먹으러 산에서 내려갔다가 공비 잔당을 잡으려고 잠복해 있던 경찰에 잡혀 포로가 되었다.

그 후 포로수용소에 있다가 미성년 포로들은 무죄 석방을 해 주어 전남 신안군의 조그만 섬에 사시는 큰아버지 집에 가서 그곳의 천일염전에서 일을 해서 조금씩 모은 돈으로 서울에 와서 염전에서 잠시 알았던 사람과 사글세방을 얻어 자취를 시작했다. 그때가 1956년 5월 초순이었다. 하루 벌어 겨우 입에 풀칠이나 하는 처지여서 어느 때는 군용 건빵 한 봉지로 저녁밥을 때우기도 했었다. 그런데 음력 오월 단옷날 아침부터 비가 쏟아지기 시작했고 비가 그치기만 기다렸지만 비는 계속 이틀 반을 내리고 그쳤다. 움직이지도 못하고 배고픔을 견디며 기다리는 것을 참으로 참기 어려웠다. 그 후 나는 기다리는 일이 없이 어디에고 쫓아다녔다.

최근 육칠년 설렘과 기쁨의 기다림이 생겼다. 한 달에 두 번 아들 내외가 손자 손녀 셋을 데리고 집으로 온다. 그럴 때면 집에서 나와 아파트 모퉁이에 서서 저만치 멀리서 돌아 들어오는 아들의 차를 기다리며 그 속에서 저기 할아버지다 하고 손가락질하며 좋아할 손자들을 생각하며 기쁨에 가슴이 설렌다.

지난 6월 하순경 36도의 폭염이 있는 날에도 아내의 만류에도 아랑곳없이 아내의 양산을 들고 나갔다. 이날따라 늦어서 1시간 넘게 기다렸다. 차에서 내린 아들이 정색하고 이렇게 뜨거운 날 어찌하려고 이러시냐며 역정을 냈다. 나는 아무렇지도 않은 듯 너를 기다린 게 아니고 내 손자들을 기다렸다고 너스레를 떨었더니 모두가 한바탕 웃었다. 어느 글에 기다릴 때가 제일 좋은 때라는 말이 이런 때를 가리킨 말이었구나 생각하며 내 방에 들어와 혼자 웃었다.

잊지 못할 친구의 죽음

갑작스러운 친구의 부음을 들었다.

순간 북풍이 휘몰아치는 허허벌판에 나 혼자 버려진 것 같은 허전한 외로움과 함께 먼 지난 세월의 가지가지 있었던 일과 상념들이 주마등처럼 떠올랐다가 사라지곤 했다.

나는 전남 신안군의 섬인 증도에서 태어나 증도국민학교에 입학하였고 1학기를 마치고 이사해 전남 장성군 진원국민학교에 전학하여 2학기부터 다니기 시작했다. 당시 그곳에서는 섬에 사는 사람들을 비하하는 풍습이 있었고 나는 "섬놈 섬놈" 하는 놀림을 받았다. 나는 왜소하여 맨 앞줄의 어린애들과 같이 있었으며 이 친구는 맨 뒷줄의 큰 애들과 같이 있었다. 쉬는 시간 운동장에서 다른 아이들이 섬놈이라며 나를 놀리면 쫓아와서 말려주곤 하였다.

그 친구는 덕성스러워서 다른 애들 싸움질도 늘 말렸다. 그러다가 1945년 해방이 되고 그해 처음으로 나도 우등상을 받아

급장이며 우등상을 받은 그 친구와 가끔 어울릴 수 있었고 6학년 때는 내가 무슨 문제를 일으켜 소란스러운 일이 있었고 급장인 그 친구는 그 문제를 막지 못한 책임으로 나와 함께 교무실에 불려가 두 팔을 머리 위로 뻗어 올리고 서 있는 벌을 받기도 했다. 그 후 1947년 광주의 각기 다른 중학교에 진학하게 되어 헤어졌고 1950년 6.25 전쟁이 일어났다. 그 와중에 나는 부모도 돌아가시고 형님을 따라 산으로 들어가 소년 빨치산이 되어 우리는 어쩔 수 없이 기약 없는 긴 이별을 하게 되었다.

1952년 겨울 국군의 지리산 일대의 빨치산 토벌 총 공세가 있어 그 일대의 빨치산은 완전히 괴멸되었고 나는 1953년 1월에 포로가 되었다. 당시 인민군 패잔병 포로들은 거제도로 가고 빨치산 포로들은 전남 광주의 서석국민학교에 군용천막을 세워 마련한 임시 수용소에 수용되었다. 포로들은 제식 군사 훈련을 받으며 가끔은 헌병들의 엄호를 받으며 군법회의에 가기도 하였다.

그러던 어느 날 그날도 헌병들의 엄호 속에 군법회의에 걸어가는데 저만치 한동네에 살던 국민학교 2년 선배가 광주에서 중학교에 다녔는데 나와 눈이 마주치자 뚫어지게 보며 걸어오고 있었다. 그리고 가까이 다가오자 갑자기 고개를 휙 돌려버렸다. 나는 너무 놀랐고 만약 앞으로 세상에 나가더라도 다시는 국민학교 동창들을 만날 수 없을 거라는 생각에 몸과 마음이 떨렸다.

그해 1953년 7월 27일 휴전협정이 조인되었고 만 20세 미만의 소년들은 이승만 대통령의 특명으로 석방되어 포로수용소에서 귀향증 하나 받아들고 나왔다. 갈 곳이 없던 나는 여름방학에 가보았던 신안군의 작은 섬에 사는 큰아버지 집으로 찾아갔다.

식구도 다 죽고 재산도 다 없어져 버린 것을 알고 있는 큰아버지는 측은해하면서도 다른 한편으로는 일꾼이 하나 생겼다고 내심 반기는 기색이었다. 그러나 기대했던 것과는 달리 내가 일을 못하니 차츰 구박이 심해져 나는 큰아버지 집을 나왔다. 그 섬에는 그때 유행하는 천일염전이 몇 곳 있어서 염전에 가서 염부로 일하다가 1956년 봄 서울에 올라왔다.

  그때 서울의 곳곳이 폭격으로 폐허가 된 곳에 피난민들이 이층 단독주택을 짓는 곳이 많았다. 나는 무작정 그런 곳에 찾아가 미장공, 조적공, 목수 등의 조수 노릇을 했다. 그렇게 해서 돈을 모아서 다음 해에 길거리 노점장사를 시작했다. 그리고 얼마 안 되어 길거리에 끌고 다니는 이동식 노상 점포를 운영하다가 종로 낙원시장 입구에 점포를 열어 운영했다.

  1970년에는 회사를 설립하여 전문 건설업에 진출하기도 했다. 그때 우연히 국민학교 동창을 만나게 되었고 그 사람이 좀 과장되게 소문을 내어 시골의 국민학교 동창들이 나에 대해 어느 정도 알게 되었다. 그때에 이 친구는 중앙대학교를 졸업하고 부산에 정착하여 정년퇴직한 후에 나를 찾으려고 여러 가지로 수소문하였으나 내가 사업에 실패하여 연락할 수가 없었다. 그러나 이 친구는 여러 가지로 끈질기게 추적하여 2010년에야 60년 만에 연락이 되었다. 나는 광주로 내려가고 그 친구는 부산에서 광주로 와서 광주에 사는 몇몇 동창들과 만나 술자리를 마련하여 즐겁게 하루를 보내고 헤어졌다. 그러나 이 친구와는 계속 전화하여 우리 부부와 그 친구 부부가 대전에서 만나 식사도 같이 하고 즐겁게 이야기도 나누다가 헤어졌다. 그러나 그 후 우리 부부가 미국에 사는 아들의 초청으로 미국에 가 있어 소식이 끊겼다.

그 후로 다시 연락이 되었으나 부인의 건강이 좋지 않아 자주 만나지 못하다가 내가 뇌종양으로 큰 수술을 하여 우리는 더욱 만나지 못하였다.

내가 회복되어 다시 연락을 시작하여 약 4년간 매일 아침 6시부터 6시 반 사이에 단 하루도 빠짐없이 안부 전화를 했다. 그 친구는 1남2녀의 자식을 두었는데 부산에 두 딸이 살고 있었고 나와의 매일의 전화 통화가 자식들에게 화제가 되었다고 그 부인이 자랑삼아 얘기하기도 했다. 가끔 병원에 간다는 얘기도 했으며 그의 나이 구십일 세가 되니 거동도 조금 불편하기도 한 것 같았다. 어떤 날은 아파트 한 바퀴 돌고 왔다고 자랑하기도 했다.

그날도 단 하루도 빠지지 않고 통화를 하는 처지라 통화가 되지 않아 다시 했으나 여전히 통화가 되지 않았다. 불길한 생각이 머리에 떠올랐으나 참았다가 점심때가 지나서 전화했더니 부인이 전화를 받으면서 울먹이는 소리로 아침 일찍 병원에 갔다가 휠체어를 타고 집에 와서 화장실에 가겠다고 하여 화장실에 안내하여 주고 얼마간 시간이 지났는데도 나오지 않아 화장실 문을 열어보니 앉은 채로 죽어 있었다고 하였다.

나는 너무나 황당하여 당장 내려가겠다고 하니 장례식장도 아직 정하지 못하였으며 코로나 때문에 가족 이외에는 아무도 조문을 받지 못한다며 다음에 사십구재 때나 오라고 하였다. 장례는 화장으로 하고 유골은 함평에 있는 선산에 매장한다고 하였다.

　사십구재는 광주의 아들이 다니는 월산동에 있는 절에서 지낸 다고 하여 5월 2일 첫차를 타고 광주 송정역에 내려 다시 전철을 타고 월산동에 내렸으나 1948년 내가 하숙했던 그 월산동은 전혀 아니었다. 손자와 전화하여 차를 가지고 나와 아직 제사 지낼 시간이 아니어서 집으로 먼저 갔다. 집에는 친구의 부인과 부산에서 같이 온 딸들과 그 식구들이 모두 모여 있었다.

　고인을 회상하며 위로의 말을 나누다가 시간이 되어 절로 모두 같이 갔다. 절은 예상과 달리 어느 아파트의 1층에서 5층까지였고 5층에 사십구재가 거행되는 법당이 있었다. 옛날에는 삼년상을 치르면 탈상을 했으나 지금은 사십구재를 치르며 탈상을 하는 것이 거의 정착이 되었다. 또 탈상도 간소화되어서 직계 가족만 참석하고 외부인은 나 혼자뿐이었다. 제사가 끝나고 법당을 나서며 영정 앞에 서서 다음 생에서는 더 친하게 지내자고 마음속으로 다짐해 보았다.

허전함

　요즈음 나는 너무나 허전하다.
　작년부터 금년에 걸쳐 늘 전화하고 가깝게 지내며 술잔도 같이 나누던 친구와 지인들이 나만 두고 저세상으로 떠나가 버려 너무 허전하다.
　1947년 중학교 1학년 때 맨 앞줄의 책상에 둘이 같이 앉아 공부했으며 다음 해에 그의 형이 광주의 다음 역인 극락강역 역장으로 승진하여 역장관사로 들어가게 되어 나도 그곳에 따라가 같이 하숙하며 늦은 봄 관사 마당을 둘러싸고 있던 라일락꽃이 만발하고 창문을 열면 라일락 향기가 너무 좋아 창밖으로 고개를 내밀며 시시덕거리며 놀았고 가을이면 극락강 언덕에 노랗게 핀 들국화를 쓰다듬으며 들국화 노래도 같이 부르던 친구가 중증 치매로 사람을 알아보지 못하고 누워있어 찾아갔다 역시 나를 알아보지 못했다. 손을 잡고 얼마쯤 있다가 나왔다.
　유달리 자존심이 강한 그의 아내가 그런 남편의 모습이 보이기 싫었던지 "다시 오지 마세요" 하고 싸늘하게 등 뒤로 내뱉듯이 말하고 돌아섰다. 너무 허전하고 슬프기까지 했다. 작년에 세상을 떠난 역시 중학교 동창인 친구는 주위의 사람들로부터 인색하다고 소문이 나서 가까이하는 사람이 적었다.

구이동 음식점 골목에 2층 건물 두 채를 소유하고 있어 아주 많지는 않지만, 음식점이 세 들어 있어 노년의 생활에 알맞게 수입이 있는 친구다. 나는 구의동에 아들이 살고 있어 가끔 손주들을 만나러 가는 길에 그 친구의 지하 사무실에 들러 소주도 마시며 잡담도 하며 지내던 친구다.

이만한 건물이라도 마련하여 노후를 안락하게 보내는 것은 남에게 인색하다는 소리를 들을 만큼 근검절약을 했던 결과라고 생각했지만 막상 그가 죽고 나서 장례식장에 단 한 사람의 친구도 지인도 오지 않아 나 혼자 상주인 친구의 아들과 소주를 마셨다. 너무 허전했다.

또 작년에는 우리 글쓰기 모임의 한 분이 재혼하여 전남 고흥에 내려가 전원생활을 하는데 언젠가 내가 '쑥'이라는 글감으로 수필을 쓴 적이 있는데 그것을 읽고 쑥을 그렇게 좋아하시는 줄을 몰랐다며 자기 집 주위에 쑥이 지천으로 많아서 뜯어 보낸다며 큼지막한 상자로 쑥을 보내왔다.

그런데 얼마 후 혈액암으로 병원에 입원했다가 퇴원했다더니 얼마 안 되어 세상을 떠났다는 비보를 접했다. 역시 허전했다.

또 작년 9월에는 나보다 두 살 연상인 함경도 출신으로 같이 수필 쓰기 모임의 선배와는 글쓰기 모임 외에도 단둘이 만나 추어탕에 전복을 하나씩 넣어 주는 특별한 식당에서 가끔 만나 소주잔을 기울이며 정담을 나누었고 전화도 자주 하는 사이인 그분이 전화 연락이 되지 않아 궁금했는데 작고하셨다는 연락을 받았다. 그분의 천진스러운 미소가 그립고 허전했다.

올해 1월에는 중학교 동창생이며 오랫동안 은행에 근무하다 정년퇴직한 가끔 소주도 같이 마시는 친구인데 어느 때 술좌석에서 "키움 수필집"을 그에게 주었다. 그리고 그 일을 잊고 있었는데 어느 날 밤 10시쯤에 전화가 왔다. 그 친구였다. 밤에는 거의 전화하는 일이 없는데 그것도 술이 취해서 혀 꼬부라진 소리로 더듬거리는 말로 책은 누가 써 주었냐며 다그쳤다. "이실직고하라"며 "너 중학교 3학년만 다닌 줄 내가 아는데"라고 하면서 써준 사람이 누구냐고 거듭 다그쳤다. 다음에 만나서 얘기하자며 내가 먼저 전화를 끊었다. 그 뒤로 작년 여름부터 거동이 불편하여 밖에 나오지 못하고 전화만 자주 하며 지냈다.

지난 가을에는 자기가 멀리 가지 못하니 자기 사는 아파트 앞에 노인들이 쉬는 정자가 있으니 네가 좀 와 주었으면 좋겠다고 해서 찾아갔더니 웬 보따리를 옆에 놓고 기다리고 있었다. 내가 옆에 가서 앉으니 옷을 꺼내는데 바바리 코트였다. 영재 런던포그였다. 자기가 두 번밖에 입지 않았고 세탁도 한 번도 하지 않은 것이라며 자식들도 체형에 맞지 않아 너는 맞을 것 같아서 나왔다고 했다. 그리고 다시 보따리에 손을 넣더니 무엇을 꺼내는데 만년필이었다. 외국 출장 갔다 온 직원들이 선물로 가져온 거라며 너는 글 쓰는 사람이니 필요할 거 아니냐며 주었다. 그 뒤로 전화는 했으나 만나지는 못하고 작년 12월에 병원에 입원한 후에는 연락도 없었고 면회도 할 수 없었다. 올해 1월에 세상을 떠났다는 연락이 왔다.

역시 너무 허전했다.

초등학교 동창생인 친구가 부산에 정착하여 살고 있었다. 나의 불행한 가정사 때문에 고향의 초등학교 동창생들은 피하고 지내왔다.

그 친구도 역시 1950년에 헤어져 2010년에야 60년 만에 그 친구의 끈질긴 노력으로 다시 만나게 되었다. 계절마다 한 번씩 그 친구 부부가 부산에서 대전으로, 우리 부부가 서울에서 대전으로 가서 만나 식사하며 재미있게 지냈다. 그러나 나도 그 친구도 건강이 좋지 않아 자주 만나지 못하고 3년 전부터 매일 아침 6시부터 6시 반 사이에 하루도 빠짐없이 서로 전화하였다.

부산에 출가한 두 딸이 살고 있는데 하루도 빠짐없이 매일 전화하는 사실을 알고 구십 노인들이 이렇게 깊은 우정을 지키며 지내는 것을 미담으로 이웃들에 자랑하여 주위에 널리 알려졌다고 그의 부인도 자랑삼아 알려 주었다. 그러던 어느 날 전화를 받지 않아 다시 전화를 두 번 했으나 역시 받지 않아 불길한 예감이 들었다. 그러다 다시 열한 시에 전화했더니 부인이 받으며 조금 전에 운명했다며 자초지종을 얘기했다.

나는 갑자기 북풍한설 몰아치는 광야에 홀로 버려진 것 같은 허전함에 몸과 마음을 가눌 수가 없었다. 나는 지금 당장 부산에 가겠다고 하였더니 장례식장에 가족 이외에는 아무도 출입을 못 하니 다음 사십구재에 오시라며 극구 만류했다. 사십구재는 아들이 사는 전남·광주의 남구 월산동 어느 절에서 한다기에 찾아갔다. 상당히 긴 제사가 끝나고 나는 맨 뒤에 그의 영정 앞에 다시 서서 마음속으로 그의 극락왕생을 빌어주고 나오며 허전함을 달랬다.

친구의 사십구재를 마친 며칠 뒤에 또 다른 부음을 들었다. 묵점 기세춘 선생이 요양원에 계시다가 작고하셨다고 전해 왔다. 1970년 지인의 소개로 알게 되었으며 얼마 뒤 내가 사업장을 옮기고부터 연락이 끊겨 만나지 못하다가 어느 신문사에서 운영하는 고전강의 학습에 그분이 강의하신다기에 반가워 찾아갔다 강의가 끝나고 자연스럽게 만나게 되었는데 무척 반가워하며 형님이 여기 오실 줄 몰랐다며 잡은 손을 놓지 않고 흔들며 좋아했다.

그 후 전주, 대전, 서울에 묵자 학당의 정기적인 모임이 있어 나도 거기 가입하여 열심히 배우고 있다. 가끔은 그분이 서울에 올라와 묵자 학당의 회원들과 회식 자리도 가졌다. 그때마다 동서고금의 역사와 학문의 해박함에 모두 탄복하였다. 그러던 그분이 작년 가을에 요양원에 들어갔다는 소식을 들었으나 면회가 금지되어 가 보지도 못하였는데 작고하셨다는 소식을 들었다.

무어라 표현할 수 없는 허전함이 가슴을 에워쌓는다.

영화 '말모이'를 보고

윤봉길 의사 기념관에서 행사가 있을 때마다 문자 메시지가 온다. 이번에는 무슨 행사인가 궁금해서 얼른 열어보았다. 영화 두 편을 상영할 예정이니 와서 관람하라는 내용이었다. 한 편은 나치 치하의 체코 영화였고 다른 한 편은 '말모이'라는 우리나라 영화인데 일제의 참혹한 박해에도 굴하지 않고 조선 팔도의 말을 모아서 우리말 큰 사전을 만들어 내는 영화였다. 간악한 일본 제국은 만주사변을 일으켜 그곳을 점령하고 그곳을 통치하기 위해 조선 사람을 자기네 앞잡이로 부리기 위해 조선 사람에게 조선말과 조선글을 쓰지 못하게 조선 총독부령으로 철저하게 단속하고 거기에 창씨개명까지 강요하여 만주통치에 조선 백성을 이용하였다. 그 무렵 우리말과 글을 지키려고 전국 각지의 우리말 모으는 일을 정환과 판수가 여러 사람들을 이끌고 일본 경찰의 모진 방해를 무릅쓰고 우리말을 모아서 결국 우리말 큰 사전을 완성시킨 내용을 담은 영화였다.

일본 경찰에 쫓기며 악전고투하는 장면을 보며 80여 년 전인 1940년 우리 아버지의 모습이 떠올라 나도 모르게 눈물이 났다. 나의 아버지는 근동에서 소문난 수재였으며 사서삼경에 주역까지 섭렵하여 열여섯의 나이에 3년 연상인 우리 어머니와 혼인하였다. 우리 집안과 나의 외가 집안은 비교가 되지 않은 벌족한 집안이었으며 나의 어머니는 지금은 분면이 된 그 큰 섬에서 가장 벌족한 서 진사집 막내딸이었다. 혼인 다음 해에 면 소재지인 지도 본도에 새로 생긴 보통학교에 상투를 잘라 버리고 입학하여 신학문을 배우기 시작했다.

그때 일본인 교장은 아버지를 각별히 좋아해서 밤이면 아버지에게서 한문을 배우고 낮에는 아버지가 신학문을 배웠다고 한다. 아버지는 월반을 거듭하여 상급 학년이 된 1923년 5월 1일 몇몇 학우들과 은밀히 모의하여 손에 들 조그만 태극기를 만들어 전학생에게 나누어 주어 손에 들고 흔들며 대한 독립 만세를 외치며 행진하다 일본 경찰에 체포되어 저학년은 훈계 방면되고 상급생 중 주동자 몇 사람은 전향서를 쓰고 1년과 6개월의 형을 받았으나 아버지는 일본인 교장의 간곡한 설득에도 끝내 전향서를 쓰지 않고 버티다 대구형무소에서 2년간의 옥살이를 했으며 일본인 교장은 본국으로 쫓겨 갔다고 한다.

형기를 마치고 나와 고향마을에서 사설학원을 운영하다 일본 경찰의 방해로 학원 문을 닫고 나의 출생지이며 아버지의 처가인 큰 섬으로 가서 다시 사설학원을 차렸으나 역시 일본 경찰의 방해로 학원을 폐쇄하고 한문 실력이 출중했으므로 제주도의 연고가 있는 어느 한약방에 찾아가서 한의학을 익혀 처가 마을에서 한약방을 개업하여 상당히 성업 중이었으며 나는 틈틈이 천자문을 아버지로부터 배우고 있었다.

그 섬에도 초등학교가 새로 생겨 내년이면 초등학교에 간다는 나에게 입학하기 전에 배워둘 글이 있다며 어디에서 꺼냈는지 처음 보는 이상한 책이었다. 언문(한글)책이었다. "가갸거겨 나냐 너녀…" 식으로 외우게 했다. 그 해가 일본제국이 기승을 부리던 1940년이었으며 나는 다음 해 1941년 초등학교에 입학하였으며 태평양전쟁이 일어난 해이기도 했다. 그때 언문은 외우기도 쉬웠으며 받침을 붙여 읽는 법도 가르쳐 주셨다.

천자문보다는 훨씬 쉬웠다. 그렇게 한 달이 지난 어느 날 아침 밥상이 들어오기 전에 나를 앞에 앉히시더니 '구'에 'ㄱ'을 보태면 무어냐고 물으시기에 '국'이요 하고 대답했더니 그렇게 좋아하시며 잘했다고 칭찬하시고 부엌을 향해 민재에게 맛있는 국 많이 주라며 흡족해하셨다. 너무 엄하셔서 무섭기만 하던 아버지가 그날따라 너무 좋았다. 80년이 지난 지금도 다른 것은 모두 잊었지만 아버지가 해 준 그 칭찬만은 지금도 생생한 기억으로 남아 있다.

1941년에 나는 초등학교에 입학하였고 일본 글을 배우기 시작했다. 아버지는 그 후 나의 일본 글 공부에는 전혀 관심도 없었고 또 가르쳐 주시지도 않았다. 그러다가 1945년 해방이 되자 매우 기뻐하시며 장롱 깊숙이 감춰 두었던 언문책을 꺼내어 다시 가르쳐 주셨다. 어려서 익혔던 터라 1주일 만에 모두 읽을 수 있었다. 학교에서 새로 나온 한글책을 나누어주시며 혹시 이 책 읽을 수 있는 사람은 손들어 보라고 하시며 선생님이 교실을 둘러보셨다. 내가 손을 들었고 맨 앞줄에 앉았던 키 작은 학생이었던 내가 손을 드니 의아해하시면서 읽어보라고 하셨고 내가 소리 내어 크게 읽었다. 선생님은 매우 놀라시며 흡족해하셨고 전 학생이 모두 따라 읽게 하셨다. 60명의 우리반 학생들이 나를 따라 낭낭하게 따라 읽었던 그 소리가 환청처럼 아련히 떠오를 때가 있다.

여의도

 1956년 초봄 목포에서 서울행 야간 완행열차를 타고 오던 중 어디쯤 왔을까 두런거리는 소리가 잠깐 잠이 든 사이에 들렸다. 야! 하고 가볍게 외치며 '한강이다' 하고 모두 고개를 창 쪽으로 돌려 보고 있었다. 나도 잠에서 깨어 밖을 보니 광주에서 영산강 지류인 극락강만 보았던 나에게는 한강은 바다였으며, 저만치 섬도 보였다. 얼마 후에 그 섬이 여의도라는 것을 알았다.
 용산역에서 내려 청파동에 동생이 의탁에 있는 설렁탕집을 찾아갔다. 이른 아침이어서 식당에는 손님이 없었고 육이오 때문에 헤어진 동생의 당황해하고 반가워하는 모습을 보며 식당 주인은 얼른 나를 2층으로 안내해 주었다. 내 옆에 와서 훌쩍거리며 울고 서 있는 동생을 불러 우선 설렁탕 한 그릇을 올려 보내 주었다. 설렁탕을 처음 먹어 봤다. 나는 주인에게 고맙다는 인사를 하고 염전에서 알고 지냈던 지인을 만나 자취할 방을 구했다.

북아현동 산 위에 있는 피난민들이 지은 무허가 주택으로 수도도 없었고 화장실도 마당 귀퉁이에 비만 피하게 해 놓았다. 우선 간단한 취사도구와 물항아리, 양은 밥그릇 몇 개, 세숫대야를 마련하였고, 다음날부터 집 짓는 곳이면 어느 곳이나 찾아가 노동일을 시작했다. 봄도 지나고 초여름도 지난 어느 날 하루 쉬는 날이었다.

아현동 고개에서 전차를 타고 마포 종점에서 내려 한강둑에 올라갔다. 건너보이는 그 섬은 모래밭이었고 팬티만 입은 남자들이 물놀이를 하며 모래사장에 앉아 있었고 나룻배가 왔다갔다 하고 있었다. 이쪽 둑 아래에는 흰 수건을 머리에 쓴 수십 명의 아낙네들이 길게 앉아서 빨래를 하고 있었다. 나룻배보다 조금 큰 배에는 대여섯 명의 장정들이 투망으로 물고기를 잡아 즉석 손질을 하여 양은솥을 걸어놓고 국을 끓이고 국수도 삶아 먹으며 재미있게 놀고 있었다. 이래 쪽 강가의 어떤 건물 높은 굴뚝에서는 검은 연기가 계속 솟아오르고 있었고 저 멀리까지 뻗어 있는 물줄기는 끝이 없는 바다 같았다.

그 후 나는 일이 바빠서 한 번도 한강에 나가보지 못하고 1964년에 지금의 강원랜드가 있는 강원도 정선군 사복읍 고한리에 십구공탄 제조에 아주 적합한 양질의 무연탄이 많이 생산되는 곳이어서 광산에서 기차역까지 무연탄을 운반하는 수십 대의 트럭에 기름을 넣어 주는 주유소를 세워 영업을 하고 있었다.

그러던 중 1964년경 갑자기 상당수의 트럭이 외지로 빠져나갔고 그 중에는 주유한 기름값을 미납한 채 떠나버린 트럭도 있었다. 수소문을 해보니 여의도를 둘러싼 윤중제를 만드는 데 모래를 실어 나르는 일을 하고 있다고 하였다. 바로 서울에 와서 십여 년 전에 가보았던 마포 종점에서 나룻배를 타고 여의도에 갔다. 그곳은 마치 전쟁터 같았다. 수십 대의 트럭들이 붕붕거리며 섬 안의 모래들을 윤중제 제방을 쌓는 곳에 실어 나르고 있었다. 간이 비행장도 있었다는 그 모래를 전부 바깥으로 실어 날랐다. 여의도를 둘러싼 윤중제가 완성되었고 마포와 여의도를 잇는 다리가 생기고 영등포와 여의도를 잇는 다리도 생겼다.

여의도를 둘러싼 윤중제에는 벚나무가 심어졌고 국회의사당과 KBS 본관도 세워졌다. 계속 고층 아파트와 고층 건물도 세워졌다. 높은 굴뚝에서 연기를 내뿜던 당인리 화력발전소도 없어지고 거기에 여의도를 잇는 서강대교가 생겼다. 1982년에는 지상 18층인 여의도 백화점도 건축하기 시작했다. 1983년 이후 나의 개인 사정으로 여의도에는 거의 가지 않았다.

2022년 아내의 허리가 좋지 않아 물리치료 차 여의도에 가다. 오랜만에 간 여의도는 빌딩이 숲을 이룬 별천지였다. 나룻배가 다니던 옛날의 여의도와는 격세지감이 들었다. 또한 나의 나이도 되새겨졌다.

싸움에 뛰어드는 전사가 되라

　도전, 그것은 나의 인생에 있어서 언제나 두려움 설렘 그리고 환희였다.
　1953년에 다도해의 낙도에 있는 큰아버지 집에 갔다가 그때 한참 번창하던 그 섬 끝에 있는 소금 만드는 염전에 가서 염부가 되었다. 그러다가 1955년 말 염전을 그만두고 서울에 올라가기로 작정하였다. 그때 큰아버지가 살던 그 마을에는 신문하나 보는 집이 없는 척박한 농촌이었다. 나는 염전 주인의 호의로 목포의 약국 점원으로 일하게 해 준다는 약속을 받았다. 그 당시 목포의 약국 점원 자리는 그 섬에서 선망의 대상이었다.
　서울에는 일면식도 없고 더욱이 신분도 분명치 못한 상태에서 올라간다는 것은 어리석고 무모한 짓이라며 일가친척과 이웃들의 안타까운 듯 경멸의 냉소를 보냈다. 그러나 나는 몇 밤을 두려움과 설렘으로 지새우다가 기어코 1956년 봄 서울에 도전의 첫발을 내디뎠다. 그렇게 올라온 서울은 과연 살벌했다. 우선 아는 사람도 없고 아는 것도 별로 없는 나는 가장 쉬운 노동 현장부터 찾아가 아무 일이나 닥치는 대로 일을 했다. 그렇게 하기를 약 7개월이 지나 약간 돈을 저축하여 그 돈을 밑천으로 우선 길거리에서 노점을 시작했고 다음 해에는 이동식 잡화점을 차렸다.

2년 후 1959년에는 종로2가 낙원시장 입구에 드디어 점포를 마련하여 과자 중간 도매점을 차리게 되었다. 그런대로 장사가 잘되어 점원을 두 명이나 두게 되었으며 거기에 동생과 시골에서 올라온 조카도 함께 있게 되었다.

그렇게 번성하던 중 1964년 과거 노동 현장에서 알게 된 경상도가 고향인 지인이 찾아와서 이야기하던 중 강원도에 좋은 사업이 있는데 같이 해 보지 않겠느냐고 나를 부추겼다. 그곳은 우리나라에서 양질의 무연탄이 많이 생산되는 삼척탄좌와 그보다 조금 적은 동원탄좌 그리고 군소탄광이 많이 있는 강원도 정선군 사북면 고하리 일대였다. 지금은 유명한 정선 카지노 호텔이 있는 곳이다. 그때 고한까지 태백선 철도가 건설 중이었고 예미역까지 약 30킬로미터가 되는 비포장도로를 무연탄을 싣고 수십 대의 트럭들이 다니고 있었다. 엄청나게 많게 타이어 소모가 있었으며 타이어 판매업을 하면 엄청난 수익을 올릴 수 있다고 하였다. 나는 고한 현지에 몇 번 가보았다. 그곳은 경이로운 별천지였다.

그 당시 우리나라는 산림녹화 정책으로 나무를 연료로 하는 일은 무척 어려웠고 모든 가정연료는 십구공탄으로 대체되어 무연탄의 수요가 가히 폭발적이었다. 화전을 일구던 산골짜기에 개천 옆으로 외길 도로가 있었으며 그 옆의 산자락을 깎아 집들이 들어섰고 거기에 다방을 비롯하여 음식점과 여러 개의 요정도 있었으며 외지에서 온 기생들이 십여 명씩 있었다.

그곳에는 충청도, 경기도 서울 일원에서 무연탄을 사기 위한 매탄업자들과 광산주와 차주 그리고 광산에 각종 물품을 납품하기 위해 몰려든 상인들로 늘 북적거렸다. 그 광경은 꼭 서부영화에서 나오는 광산지대를 연상케 하였고 그 뜨거운 열기는 나를 매혹시켰다. 그렇게 해서 그 지인과 나는 동업으로 한국타이어 강원도 대리점을 열었다. 사업은 순조로웠다. 한사람이 보통 두세 대의 트럭을 가지고 있었으며 그 중에는 30여 대의 트럭을 가지고 있는 운수회사도 있었다. 그러던 중 '호사(好事)는 다마(多魔)'라 했던가. 운수회사에 타이어를 납품하고 받은 어음이 부도가 났다. 타이어회사에서는 더 이상 타이어를 주지 않았고 우리는 그 사업을 접을 수밖에 없게 되었으며 동업하던 그 지인과도 그의 방탕한 생활이 싫어서 결별하게 되었다.

그러나 나는 그 광산 지대의 호황 열기에 매혹되어 그곳을 떠날 수가 없었고 그 트럭들을 상대로 한 주유소를 세울 결심을 했다. 그곳에는 이미 1년 전부터 운영하는 주유소가 두 곳이나 있었으며 길은 외길이었다. 주유소를 세울 땅도 화전을 일궜던 밭 한 곳뿐이었다. 300평이면 주유소를 세우는 데 충분한데 그 땅은 1500평이었고 전부가 아니면 팔지 않겠다고 배짱을 튕겼다. 더구나 지금은 뒷골목의 땅도 평당 3000만 원하는 마포구 서교동 땅이 당시 3000원이었는데 불과 2~3년 전만 해도 몇 십 전 하지 않던 땅을 평당 1500원 아니면 팔지 않겠다고 하여 얼마 동안 실랑이를 하다가 그 땅을 전부 샀다.

서울에서 나와 가까이 아는 사람들도 이 모험적 결단에 좀 이상한 사람이라고 뒤에서 수군거릴 정도였다. 이번에는 주유소를 세우는 일이었다. 그 산골짜기에는 모래가 없어 건물 세울 블록을 찍는데 모래를 멀리 충북 제천에서 무연탄을 실었던 빈 화물차로 예미역까지 운반하여 다시 고한에서 무연탄을 싣고 갔던 빈 트럭에 옮겨 싣고 와야 했다. 제천 통운에 의뢰하여 모래 대금을 지불하고 올라왔다. 그러나 예미역까지 몇 시간이면 오는 모래를 실은 화물칸이 며칠이 지나도 오지 않았다. 가보았더니 제천역에서 태백선으로 갈라지는 곳에서부터 경사가 심하여 서울에서 오는 화물 열차를 다시 조성하게 되어 있었다. 겨우 역무원에게 돈을 주고 연결을 부탁하고 먼저 왔다. 그러나 또다시 중간 조성역인 영월역에서 같은 일이 반복되었다.

마지막 예미역까지 왔으나 먼저와 같은 일이 반복되었다. 무려 일주일이 넘게 걸렸고 그것은 1964년의 우리나라 사회상의 한 단면이었으나 나는 너무나도 당혹스러웠다. 우여곡절 끝에 다행히 겨울이 오기 전에 주유소 건물도 세웠고 영업도 시작했다. 그러나 우리 주유소에는 들어오는 차가 없었다. 이미 1년 전부터 영업하던 주유소는 개인 차주들과 거래하는 것이 아니라 각 광산에서 발행하는 주유 전표로 거래하고 있었다. 각 광산에서는 특별히 차주들이 원하지 않는 한 주유소를 바꿀 이유가 없었고 그때 기름값이 정부 고시가여서 차주들도 특별한 이유가 없는 한 기존 거래처를 좀체 바꾸려 하지 않았다. 나는 너무나 막막했다. 그러나 우리 주유소에는 지리적인 이점이 있었다. 그곳에는 마땅한 땅이 없어 우리 주유소의 넓은 땅에서 아침이면 운전수들이 차를 세워 놓고 정비도 하고 타이어도 갈아 끼우기도 했다. 운전수들이 모든 일을 했지만 차주들도 아침이면 꼭 정비하는 현장에 나와 있었고 나는 그때마다 차주들에게 다가가서 아침 인사를 하고 땅도 부담 없이 아무 때라도 사용하라고 하며 차주들과 친하려고 노력을 했다. 그러자 차주들은 미안했던지 하나둘 우리 주유소로 광상 기름 전표를 끊어오기 시작했다. 그리고 그곳 지방의 유지들과도 자주 만나 술자리도 같이 하며 유대관계도 다져 나갔다. 그런 중에 그곳에 우체국이 꼭 필요하나 땅이 없어 세우지 못하고 있다고 하여 내가 선뜻 자진해서 내 땅 일부를 무상으로 희사하기로 했다. 우선 지방의 환심부터 사야 했기 때문이었다. 그리고 우체국장이 될 사람에게는 내가 요구하는 전화번호를 약속받고 우체국이 완공되어 내가 원하는 전화번호 77번도 받았고 예상대로 지방 인심도 퍽 호의적이 되었다.

그곳은 태백산맥 중턱이어서 겨울이 빨리 왔고 눈도 많이 내렸으며 매우 추웠다. 나는 검정 염색을 한 미군용 파카를 뒤집어쓰고 발이 푹푹 빠지는 눈 속을 걸어서 각 광산 사무실을 찾아다녔다. 이렇게 하루도 거르지 않고 찾아다닌 덕분인지 우리 주유소를 이용하는 차들이 차츰차츰 늘어나기 시작했다. 나는 그 눈 속을 걸으며 내가 평소에 애송하는 '롱펠로'의 '인생 찬가' 중 한 구절을 중얼거리며 다녔다. 제5절이었다.

드넓은 세계의 전쟁터에서
인생의 야영장에서

울면서 쫓기는 짐승이 되지 말라
싸움에 뛰어드는 전사가 되라

몇 번이고 중얼거리다 보면 추위도 참을 수 있었다. 그렇게 시간이 흘러 어느덧 봄이 되자 광산에서는 우리 주유소에 전표를 많이 보내기 시작했으며 초가을에는 주유소 하나가 폐업을 했다. 그리고 다음 해에는 석유공사 강원도 대리점이었던 강원석유 직영주유소에서도 우리에게 주유소를 인수할 용의가 있는지 타진해 왔다.

그렇게 해서 그 주유소도 인수를 하여 그 지역에서 완전히 독점하게 되었다. 나는 독점의 오만에 빠지지 않으려고 스스로 노력을 많이 했으며 차주들에게나 광산에나 더욱 친절하고 성실하게 대했다.

그리고 2년 후 이번에는 4킬로미터 떨어진 동원탄좌가 있는 사북면 소재지에 있는 주유소마저 인수 했다. 그러던 중 1971년 여름 대홍수로 영월철교가 무너졌다. 그때까지 기름은 육로로는 오지 못하고 오직 철도편으로만 고한역까지 왔다.

운반용 트럭은 기름을 공급하지 못해도 얼마간 쉬면 괜찮았으나 광산에는 광부들이 삼교대로 24시간 채탄하고 있었으며 수백 미터 지하에 언제나 바깥 공기를 불어 넣어야 하기 때문에 그 공기를 불어 넣어 주는 에어컴프레서는 한시도 멈출 수가 없었다. 천재지변이라는 불가항력적인 상황이었음에도 불구하고 험준한 태백산맥을 넘어 드럼통에 경유를 넣어 트럭으로 운반하여 각 광산에 에어컴프레서용 경유를 계속 공급하여 철도가 개통될 때까지 쉬지 않고 각 광산에서 채탄할 수 있게 해주었다. 그 이후로 각 광산에서는 일반 외부 상인들이 납품을 하던 윤활유, 구리스 등도 모두 우리 주유소에 의뢰하게 되었다. 그러던 중 뜻하지 않게 문제가 생겼다.

  모 신문 현지 지국장이 우리 주유소가 잘되는 것을 보고 주유소를 하나 세우려 한다는 소문이 있어 자세히 알아보니 상당히 구체적으로 추진되고 있었다. 그 당시 주유소 허가는 경찰서 소관이었으며 삼척탄좌는 강원경찰청에 막강한 영향력이 있었다. 탄좌에는 영빈관도 갖추어 놓고 계절마다 강원도 내 기관장들을 초청하여 쉬어가게 했다. 나는 삼척탄좌 광산 소장을 찾아갔다. 그는 그 지방에서는 드물게 서울대학교 광산학과 출신으로 유능한 엘리트로 알려져 있었다. 그에게 내가 찾아온 이유와 목적을 담담하게 그리고 당당하게 설명했다. 천재지변의 어려움 속에서도 손해를 감수하며 기름을 공급하여 광산의 채탄 작업이 하루도 쉬지 않게 한 점과 이제까지 우리가 독점하고 있으면서도 차주들에게나 광산에나 한 번도 불편하게 한 일이 없었다는 점을 강조했다. 그러면서 이렇게 성실하게 의무를 다하는 업체를 건실하게 키워야 하는 것이 맞는가, 경쟁을 시켜서 부실하게 만드는 것이 사회정의에 맞는가를 물었다. 수긍하고 내 면전에서 바로 강원도 경찰국장에게 전화를 했다. 새로 세우려는 주유소는 허가해 주지 않는 것이 좋겠다고 청했다. 그러면서 저쪽에서 무어라 하는지 흡족한 표정으로 전화기를 놓으며 웃으면서 허가되지 않을 테니 안심하고 더 열심히 하시라고 격려해 주었으며 대홍수로 어려울 때 기름을 차질 없이 공급해 주어 고맙다고 치하의 인사까지 해 주었다.

드디어 나는 고한 사북지역 광산지대를 완전히 평정하고야 말았다.

나는 광산에서 내려오면서 파란 하늘을 바라보았다. 지난 5년 동안의 일들이 주마등처럼 스쳐갔다. 이 산골짜기에 처음으로 들어왔을 때의 새로운 세계에 대한 두려움과 설렘 그리고 이 순간의 가슴 저린 환희까지 다 되새기며 날아갈 것 같던 가벼운 걸음으로 산을 내려왔다.

약수

작년 가을 고전공부를 같이하는 도반들 몇 사람이 경기도 남양주에 북한강과 남한강이 만나는 두물머리 구경을 가자고 제안을 해 왔다.

더욱이 일행 중에는 우리 도반 중 제일 나이가 적은 50대 중반의 현역 사업가도 평일인데도 같이 간다고 하였다. 나는 그 도반이 동행한다고 하니 더욱 반가워 쾌히 승낙했다. 내가 그 도반을 이렇게 좋아하는 이유가 있다.

몇 해 전에 우리가 고전공부 일부가 끝나고 뒤풀이 회식을 하는데 그날은 자기 사무실 근처에 외국 거래처의 손님이 오면 이용하는 식당이 있는데 그 외국 손님들도 특이하다며 좋아한다는 낙지요리 전문점이었다. 그러나 나는 난감했다. 의자 없이 그냥 방바닥에 앉아서 식사를 해야 하니 나이가 든 나는 거동이 원활하지 못해 의자가 없는 음식점은 가급적 피해 왔다. 그러나 어쩔 수 없어 내색하지 않고 같이 앉아서 식사를 마쳤다.

모두 일어서는데 나는 무엇에 의지해야 하므로 주위를 두리번 거리는데 누가 내 뒤로 와서 내 양쪽 겨드랑이에 손을 넣어 나를 번쩍 일으켜 세워 주었다. 고마웠고 의외여서 돌아다보니 그 젊은 도반이 씩 웃으며 "내가 이것은 잘 알지요"라고 말했다. 나보다 몇 살 아래인 80대 중반인 그의 부친이 뇌경색으로 쓰러진 후 지금까지 거동을 잘 못하고 계시어 언제나 이렇게 뒤에서 일으켜 세워드린다고 했다. 그 후 나는 그 사람을 다시 보게 되었으며 오늘도 그와 같이 간다니 그냥 평안하고 좋았다. 언제나처럼 친절하였으며 언제 준비하였는지 중간 크기의 생수 한 병을 내 손에 쥐어 주며 자기는 사잇길로 먼저 수종사에 올라갈 테니 천천히 큰길로 가시다가 쉬엄쉬엄 이 생수를 마시며 올라오시라며 수종사에서 바라보는 두물머리의 경관이 아주 좋으며 특별한 전설이 있는 약수터도 있다고 하였다.

 약수라 함은 20도 이하의 냉천에 속하며 인체에 유익한 물질이 녹아 있어 마시기 좋은 물을 말하며 그 물이 솟아나는 곳을 약수터라 한다.

 약수는 소화불량, 위장병이 효험이 있다고 알려진 곳이 가장 많고 다음으로 피부병, 신경통, 안질, 빈혈, 만성 부인병 등에 효험이 있다고 알려진 것이 많이 있다. 불교와 한의학에 크게 영향을 받은 동양에서는 약수에 대한 집착이 더 강한 편이다.

 우리나라는 좋은 산이 많아 거의 모든 산에는 약수터가 있으며 설악산에 유명한 전설적인 오색 약수터가 있으며 그 외에도 약수터마다 각각의 전설이 있다. 오늘 가기로 한 수종사의 약수터도 피부병을 고치기 위해 금강산을 다녀오던 이씨 조선의 세종대왕이 바위굴에서 떨어지는 청명한 종소리의 약수를 발견하고 수종이라 이름 지었다는 전설이 있다.

그리고 근래에는 여기가 고향인 다산 정약용 선생이 18년의 유배 생활에서 해배되어 고향에 돌아와 이 산에 올랐다고 전해진 곳이기도 하다. 수종사 올라가는 길은 매우 가파르고 힘들었다. 중간에서 포기하고 내려가는 사람들도 있었다. 나도 포기하고 싶었지만 그때마다 다산 선생은 이 산길을 올라가며 어떤 심정이었을까를 헤아려 보며 참고 쉬어가며 올라갔다. 그리고 세조가 이름 지었다는 그 수종약수는 어떤 약수일까 궁금하기도 하여 더 힘을 내어 기어코 올라갔다. 겨우 올라가니 그 젊은 도반은 다른 사람들과 같이 올라와 있었고 나를 보더니 조그만 그릇에 약수를 받아 내게 건네주었다. 받아 마셨지만 특별한 맛은 느끼지 못했다. 그 약수는 조그만 바위 동굴 안에서 가늘게 떨어지며 그 동굴에 적은 소리의 울림이 수종이라는 이름에 걸맞게 들렸다.

그 절 마당에서 바라보는 두물머리는 장관이었다. 사진도 촬영하고 절의 여기저기 둘러보고 내려가기 전에 그 젊은 도반은 나에게서 생수병을 받아가더니 마시다 남은 생수를 쏟아버리고 약수를 가득히 채워 도로 주며 댁에 가서 마시라며 주었다.

그 깊은 마음 씀씀이가 너무 고마웠다. 산행을 마치고 집에 와서 자초지종을 아내에게 얘기하고 그 도반의 마음까지 들어 있는 약수이니 냉장고에 넣어 두고 아침마다 약 마시듯 조금씩 마시자며 일주일을 마셨다.

인색함

며칠 전 친구 아들의 전화를 받았다. 아버지의 부음을 전하는 짧은 통화였다. 이미 예견된 일이여서 놀라지는 않았으나 그 순간 옛일이 생각났다. 1947년 광주에서 중학교에 입학했을 때 그도 나도 시골에서 왔기 때문에 서먹서먹했지만 체격도 비슷하여 곧 우리는 친해졌고 다정하게 지냈다. 그러다가 6.25 전쟁으로 인하여 1950년 5월 나의 가정 사정으로 우리는 기약 없는 이별을 해야 했다. 그리고 헤어진 지 20여 년 만인 1973년 우연히 만나게 되었고 자연스럽게 재경 동창회가 만들어져 1년에 두 번 정기적으로 모임을 가졌다.

그러나 2000년경에는 모두 퇴직하고 세상을 떠나거나 건강이 좋지 않아 외부 출입을 못하는 사람이 늘어나 다섯 사람 정도만 남았다. 그리하여 경비도 절약할 겸해서 그가 소유하고 있는 2층 상가 건물 지하실의 그의 사무실에서 가끔 만나게 되었다. 그리 밝지 못한 그의 사무실에는 헌 책상과 낡은 소파와 탁자가 있었고 오래된 선풍기와 겨울에는 전기난로가 있었으며 차를 끓이기 위한 도구가 전부였다. 그에게는 철칙이 있었다. 모두 같이 균등하게 부담하는 경우에 한해서만 자기 건물식당을 이용했고, 정기모임이 아닌 한두 사람이 모이면 차례로 술을 사 와서 사무실에서 앉아 마셨다. 그러다 보니 차츰 오던 친구들이 오지 않았다. 나는 그 동네에 아들이 살고 있어서 손주들을 보기 위해 가는 길에 가끔 들렀다.

어느 날 그 친구가 전화를 했다. 이쪽에 올 일이 없냐며 자기도 심심하니 꼭 오란다. 나는 아들의 집에 잠간 들렀다가 그의 컴컴한 사무실에 갔다. 나를 보더니 반갑다며 잠깐 앉아 있으라고 하고 밖으로 나갔다가 한참 만에 돌아온 그의 손에는 까만 비닐봉지가 들려 있었는데 그 속에서 소주 한 병과 김을 무친 조그만 봉지를 꺼내놓았다. 순간 내가 여기서 이렇게 술을 마셔야 하나 하는 생각과 어떤 모멸감 같은 생각이 교차했다. 그러나 내색하지 않고 소주를 나눠 마시고 집에 돌아와 아내에게 그 말을 했더니 당신이 무슨 주태백이도 아닌데 그런 술이나 얻어 마시고 다니냐며 핀잔을 줬다.

그러나 나는 다른 한편으로 저렇게 인색하게 했으니까 봉급생활하면서 저런 건물을 마련할 수 있지 않았을까 하고 좋은 쪽으로 생각하며 조금의 섭섭함을 털어 버렸다. 다른 친구들은 만나지 않았지만 나는 아들 집에 가는 길에 가끔 만났다.

어떤 날은 멋있는 최신 코트를 입고 와서 자기 자랑도 늘어놨다. 퇴직한 전직 동료들과 부부 동반으로 온천에 3박 4일 일정으로 다녀왔으며 이웃 복덕방 주인 등 7명이 매월 친목 모임을 갖는다고도 하였다. 나는 조금 의아스러웠다. 다른 사람들과는 그렇게 인간관계가 좋으면서 우리 동창들과는 인색하게 처신하는 이유가 무엇일까? 그렇다고 왜 그러느냐고 물어보지는 못했다. 그런데 자주 만나지 못하고 궁금해서 전화를 했더니 통화가 되지 않았다.

아들의 집에 가는 길에 그 옆의 복덕방에 들러 무슨 연유인지 물었더니 뇌졸중으로 쓰러져 아산병원에 입원했는데 중환자실에 있어서 면회가 되지 않는다고 하였다.

혹시나 해서 8월 초에 병원에 갔더니 일반병실로 옮겨졌으며 사람을 알아보았고 말을 하지는 못하지만 내 말을 알아듣고는 눈을 깜박이며 알은체를 했다. 그를 문병한 이틀 후 내가 뇌종양으로 입원해서 큰 수술을 받고 3개월 후인 10월에 퇴원했다. 퇴원 후 12월에 아내의 만류를 듣지 않고 아산 병원에 찾아갔더니 이미 퇴원해서 다른 곳으로 옮겨 갔다며 어디인지 모른다고 하였다. 얼마 후 다시 그 복덕방에 찾아가서 물었더니 자기들도 모른다며 아들의 전화를 알려주기에 전화를 했고 건국대병원에 있다고 해서 가보았더니 입으로 밥도 먹지 못하고 고무줄 호스를 코에 끼우고 영양분을 섭취하고 있었다. 내가 문병할 때마다 문병객은 한 사람도 없었다. 서로 시간이 맞지 않아 그러려니 했다. 그 후 집으로 옮겨 요양한다고 하여 아들하고만 이따금 전화하여 상태를 물어보곤 했다.

몇 달 후 다시 요양병원으로 옮겼다기에 찾아가 보았더니 상태가 많이 나빠져서 사람도 알아보지 못했다. 그리고 일주일 후 아들에게서 아버지의 비보를 들은 것이다. 아들의 음성은 너무나 담담했다. 나는 장례식장이 어디인지 정해지는 대로 알려달라고 하고 내일 가겠다고 말을 한 후 전화를 끊었다. 그리고 바로 동창생에게 장례식에 같이 가자고 연락을 하였으나 일언지하에 매몰차게 거절하기에 다른 동창생에게는 차마 연락도 못하고 다음날 빈소가 차려진 장례식장으로 갔다. 빈소에서 조문을 마치고 아들의 안내로 옆방 조문객들이 있는 곳으로 갔다. 순간 너무 의외여서 놀랐다. 고인의 부인과 지인들 네 명이 일어나 나가고 저쪽 구석에 친척인 듯한 남녀 일고여덟 명이 앉아 있었다. 그리고 나 혼자만이 앉아 있었다. 그렇게 세 시간이 지나 네 시경에 아들의 직장 동료인 듯한 네 사람이 들어와 저쪽에 앉았다. 나는 아들을 불러 소주 한 병을 가져오게 하고 작은 잔으로 자네 아버지와 이렇게 술을 마셨다며 안주도 없이 한 잔씩 마시고 일어났다. 그리고 내일 몇 시에 발인인지 물었더니 열한 시 반에 출발이라며 "열한 시까지 오십시오."라고 단정적으로 말했다.

　돌아오면서 많은 생각을 했다. 상주로서 오죽했으면 사양하지도 않고 그렇게 단정적으로 말했을까 싶어 가기로 마음을 정했다. 다음날 조금 일찍 발인하는 곳으로 갔다. 역시 이날도 자기 가족들뿐 그가 자랑하던 전직 동료들도 달마다 모인다던 이웃 친지들 단 한 사람도 오지 않았다. 평소의 인색함이 이런 결과를 만들었다고 생각하니 내 처신도 어떻게 가늠해야 할지 잠깐 깊은 생각에 잠겼다. 시간이 되어 장의버스에 탔는데 먼 친척이라며 그의 사무실에서 한 번쯤 본 듯한 사람이 있었다. 그 사람 옆에 앉아 있는 사람에게 형님의 친구분이라며 인사하라고 하니 나에게 인사하기에 누구인가 싶었는데 고인의 막냇동생이라 했다.

　화장이 끝나고 판교의 공원 묘역에 갔다. 거기에는 수백 개의 유골함을 모시는 탑들이 늘어서 있었다. 그곳 중 한 곳에 유골함을 모시고 맨 먼저 부인이 무릎을 꿇고 앉아 처연한 모습으로 머리를 숙이고 있어 보는 이들의 가슴을 아리게 했다. 차례로 의식이 끝난 후 맨 마지막에 내가 석탑 앞에 두 손 모아 합장하고 조용히 중얼거렸다. 인색함을 넘어선 영생의 길로 편안히 가시게 친구야.

4.27 판문점 선언

"그 어떤 명분에도 불구하고 전쟁은 악이다."

이 말은 1945년 독일 뉘른베르크 전범 재판소에서 내린 결론이다.

지난 4.27 판문점 선언은 많은 세계인에게 특히 우리 국민에게 상상할 수 없는 커다란 선물이었다. 평창 올림픽이 시작하기 전까지도 올림픽의 정상적인 개최는 불투명했고, 특히 한반도에 언제 전쟁이 일어날지 모른다는 강박 속에 마음을 졸인 사람들이 많았다. 그 중 우리 부부도 전쟁의 공포 속에 가슴을 졸였으며 우리 부부는 6.25 전쟁으로 참혹한 일을 남다르게 겪었다.

아내는 초등학교 6학년이었던 그해 6.25 전쟁이 일어났으며 공무원이셨던 아버지와 형의 집에서 중학교에 다녔던 막내 삼촌과 함께 온 가족이 할아버지, 할머니가 살고 계시는 고향 농촌으로 피란을 갔다. 아버지의 삼형제 중 가운데 작은아버지는 경찰관이셨는데 인민군이 들어온 지 얼마 지나지 않아서 체포되어 처형되었으며 할아버지 할머니, 아버지 그리고 막내 삼촌은 공산당원들이 마을 뒤편 야산으로 끌고 가서 몽둥이로 무참히 타살하였으며 날이 밝아서 친척들이 윗산으로 올라가 봤더니 할머니와 아버지는 이미 죽어 있었고 삼촌은 아직 죽지 않고 있었으며 할아버지는 행방도 모르게 없어졌다고 한다. 할머니와 아버지가 땅을 파서 매장하고 아직 살아 있는 삼촌을 매장하려 하자 울면서 밤에 멀리 도망갈 테니 제발 살려달라고 애걸하는데 만약 네가 살아 도망간 사실을 저 사람들이 알게 되면 우리 친척들이 모두 큰일을 당한다며 그대로 매장해 버렸다고 한다. 그리고 밤이 되어 가까운 무인도에 가 있던 할아버지가 손주들을 보겠다며 집으로 찾아온 것을 작은할아버지가 발견하고 기겁하여 뒷간으로 데리고 가서 작은할머니에게 빨리 산초 생즙을 만들어 오게 하여 할아버지에게 저 손주들이나마 살리려면 이것을 드시고 조용히 가시라고 다그쳐서 결국 산초즙을 마시고 돌아가셨다고 한다. 또한 어머니와 경찰관이었던 작은 아버지의 부인인 작은 어머니는 초여름 보리타작을 끝내고 쌓아둔 보릿대 속으로 들어가 숨어 있어서 발견되지 않아 죽음을 모면했다고 한다.

아내는 지금도 그때 얘기를 하며 전율한다. 그리고 어떤 어려움이나 슬픈 일이 있어도 동요하지 않고 마치 희로애락을 잊어버린 목석같은 사람이라는 주위의 평을 듣는다. 나도 역시 6.25 전쟁으로 부모와 형님이 돌아가시고 재산까지 전부 잃었으며 형언할 수 없는 형극의 세월을 살았다. 그런데 새해 들어 상상할 수 없는 일들이 벌어졌다. 북한 국무위원장의 신년사를 비롯해 평창 동계올림픽 참가는 물론이고 특사까지 파견하여 우리 대통령을 면담하게 하였으며, 올림픽 입장식에는 선수들이 한반도기를 앞세워 공동입장하게 하였다. 그리고 여자 아이스 하키팀은 남북 단일팀을 만들어 경기를 하였으며 폐막 후 북으로 돌아가는 소녀들은 남쪽 소녀들과 서로 손을 잡고 놓을 줄을 모르는 모습을 보며 가슴이 뭉클했다.

그리고 드디어 그날이 왔다. 이제까지 우리는 외삼촌인 장성택을 공개하여 잡다 총살시키는 극악무도한 괴물 같은 사람이라고 알고 있던 그가 과연 우리 대통령과 어떤 모습으로 만날까 초조하게 기다리며 아내와 나는 아침부터 텔레비전 앞에 앉아 지켜보았다.

우리 대통령이 기다리고 있는 군사 분계선을 향해서 김정은 국무위원장이 나타나 걸어오고 있었고 두 정상은 서로 손을 맞잡고 군사 분계선을 넘나들었다. 그 모습이 너무 의외였지만 자연스러워 감격하여 가슴이 벅찼다. 두 정상은 정상회담이 끝난 후에도 단둘이서 도보로 걸으며 이야기를 나누었고 여느 정상회담과는 달리 통역도 없이 오순도순 담소하는 모습이 어색하지 않았다. 지금까지는 타도해야할 주적이라고 서로 매도했던 말들이 거짓말처럼 느껴지는 순간이었다. 그리고 오후 회담이 끝난 뒤 드디어 판문점 선언이 전 세계에 공포되었다. 어느 대학의 북한학과 교수는 흥분하며 판문점 선언은 1989년 12월 미국과 소련의 두 최고지도자가 냉전 체제의 종식을 선언한 몰타 선언에 버금가는 것이라고 했다.

저녁 만찬에는 김정은 국무위원장의 부인인 리설주 여사도 합류하여 우리 대통령의 영부인 김정숙 여사와 서로 반갑게 포옹하는 모습과 만찬장의 화기애애한 모습이 무척 흐뭇했다. 작년 말까지만 해도 혹시 전쟁이 일어나지 않을까 걱정하며 우리 자식들도 우리가 겪었던 참혹한 설움을 겪지는 않을까 걱정하던 아내가 안도의 한숨과 함께 눈에는 감격의 눈물이 고였다.

나는 그런 아내의 등을 쓰다듬으며 손을 꼭 잡아 주었다.

설거지

 내가 평생 처음으로 설거지를 했다. 그것도 어쩔 수 없이⋯.
어느 날 새벽 침대에서 내려오다 잘못하여 침대 밑의 나무 모서리에 척추를 다친 늙은 아내의 비명 소리에 나도 잠에서 깨어 벌떡 일어났다. 아내가 빨리 구급차를 불러 달라며 처량하게 애원했다. 급히 119에 연락했더니 마침 우리 아파트 단지를 지나가던 구급차가 지나가던 중이어서 빨리 왔다. 병원에 도착해 응급실에 들어가고 나는 급히 아들에게 연락했다.
 더 일찍 도착한 아들은 엄마가 응급실에 계시니 내가 여기 있을 테니 빨리 집에 가서서 어수선한 집안 정리나 하시라며 재촉했다. 집에 와서 어수선하게 흐트러진 집안을 정리했다. 그러나 설거지할 것은 없었다. 부지런하고 철저한 아내가 어젯밤에 잘 정리해 놓았다. 아침과 점심은 어떻게 해결했는지 잘 기억이 나지 않았고 저녁부터는 아들이 마트에서 컵밥과 국거리를 배달시켜서 그런대로 해결했다. 그러나 간단하지만 처음해 보는 설거지는 영 마땅치 않았다. 그러고 내 90회 생일날 아내가 지나가는 말처럼 다른 사람들은 나이 먹어가면서 연습 삼아 설거지도 한다는데… 하고 말하다 끝도 맺지 않았다. 나는 별 관심도 없이 딴 곳만 바라보았고 그 뒤로 그 말은 이미 잊고 있었다.

　나는 부모님으로부터 배운 특별히 기억에 남는 두 가지가 있다. 그 하나는 담배를 피우지 않는 것이다. 내가 중학교 1학년 1947년 봄 방학 때이다. 집에 가서 모처럼 아침 늦잠에서 깨었는데 아버지가 안채와 떨어진 잠실채 앞에서 큰소리로 형을 꾸짖는 소리가 들렸다. 형님은 동네에서 소문나게 입담이 좋아서 그날 밤에도 동네 청년들이 놀러와서 밤새도록 불란서 소설을 우리 식으로 각색한 김래성 작가의 '진주탑'을 동네 청년들에게 이야기해 주었고, 동네 형들은 날이 밝은 후에야 돌아갔다. 그런데 그 방에서 이야기를 들으며 피운 담뱃재와 꽁초들이 수북이 쌓여 있는 재떨이를 보신 아버지가 노발대발하시면서 너도 같이 피웠냐고 다그치셨다. 형님은 머리를 숙이고 다시는 그런 일이 없도록 하겠다며 용서를 빌었다.

　1956년 서울에 왔는데, 당시에는 처음 만나면 담배를 권하는 것이 예의였다. 그러나 다른 사람들이 권하는 담배를 언제나 사양하였다. 그때마다 돌아가신 아버님에 대한 최소한의 효행이라 생각하고 90살이 넘은 지금까지 금연을 지켜왔다.

　두 번째는 설거지에 대한 것이다. 어머니는 진사집 막내딸로서 기품 있는 처신으로 이웃은 물론 집안에서도 아버지를 제외한 형님 형수 누님 머슴까지도 근엄한 처신에 압도되어 모든 일에 순종하고 있었다. 그런데 어느 날 내가 초등학교 5학년 때에 무슨 일로 우연히 형수님과 누님이 있는 부엌에 들어갔다. 그 순간 밖에 계시던 어머님의 꾸지람 소리가 들렸다. "머시메(남자)가 뭣땜에 정지(부엌)에 들어갔냐"며 당장 나오라고 호통 치셨다.

나는 지금도 어머님의 그 눈빛과 호통 소리를 가끔 느껴본다. 그래서 지금까지도 부엌은 내가 들어가서도 안 되고 간섭해서도 안 되는 것으로 내 머리에 각인되어 있다. 그래서 결혼 66년이 되는 지금까지 한 번 설거지도 해보지 않았다. 병원에 있는 아내에게 물어볼 수가 없어 멀리 광양에 사는 딸에게 물었더니 세제를 스펀지에 몇 방울 부어 넣고 그 스펀지로 초벌을 씻고 두 번째로 맑은 물에 헹궈서 행주로 물기를 닦아서 선반 위에 놓으란다. 그대로 하고 손에 물기를 씻고 소파에 앉아서 생각해 보니 몸이 좋지 않을 때도 있었건만 한 번도 나에게 설거지를 부탁하지 않은 아내가 새삼 대견하고 고마웠다.

요즈음 아내는 보행기를 밀고 다니며 간단한 설거지를 다시 한다. 밥과 국 그리고 반찬을 냉장고에서 꺼내서 식탁에 가져다 놓는 것이 내가 담당하고 있으며 아내는 매우 편안하고 흐뭇한 표정으로 식사를 한다. 요즈음 그 맑은 표정으로 맛있게 먹는 모습을 보는 것만으로도 나는 행복하다. 행복! 그래 이것이 행복이야! 하고 마음속으로 속삭여 본다.

나의 아내

    나는 1956년에 서울로 왔으며, 1959년에 결혼을 했다. 6.25 때 부모님도 돌아가시고 재산도 없이 막노동부터 시작하여 겨우 점포를 마련하였다. 그때 큰아버지가 사시는 전라도 신안군 다도해의 병원도 없고 우체국도 없는 낙도에서는 맨몸으로 서울에 가서 소위 기반을 잡았다고 소문이 자자했다. 그 낙도에는 옛날의 조혼 풍습이 남아 있어서 나보다 한 살 아래인 사촌 동생은 이미 결혼해서 아이가 둘이나 있었다. 큰아버지가 보시기에 나는 노총각이었고, 남들에게서 부모 없는 자식이라고 방치하는 듯한 눈총을 의식하셨는지 나에게 그렇게 인색하시고 별 관심도 없던 분이 생색을 낼 겸 내 의견도 물어보지도 않고 혼처가 정해졌으니 언제까지 결혼하러 내려오라고 명령하셨다.

---

* 이 글은 수많은 파란곡절 인고의 세월을 살아준 아내에게 깊은 참회와 감사의 마음으로 바친다.

비록 객지에 와 있었지만 엄격한 유교 전통의 집안에서 자란 나는 거역할 수가 없었다. 결혼 날은 음력 12월 어느 날이었다. 폭설로 연안 여객선의 운항이 되지 않아 목포의 고종사촌 매형 댁에서 이틀간 지체하여 큰아버지가 사시는 낙도에는 가지 못하고 바로 신부의 집이 있는 큰 섬에서 내렸다. 선창에는 많이 내린 눈에 발이 푹푹 빠졌다. 가마가 나와 있어서 엉겁결에 타고 신부의 이웃집으로 가서 큰아버지 집에서 가져온 한복으로 갈아입고 신부의 집 마당에 차려진 초례청으로 갔다.

그렇게 설레고 궁금했던 신부의 얼굴은 장삼과 족두리를 쓴 탓에 제대로 알아보지 못했다. 지루한 혼례식이 끝나고 방으로 안내되어 마루를 오르는데 나이 많은 어른이 아는 척하시며 축하해 주셨다. 나중에 알게 된 일이지만 그분의 나의 아버지의 소학교 후배셨으며 그 집안의 어른이셨다. 처음에 처가 쪽에서는 부모도 없고 객지에서 어떻게 살았는지도 잘 모르는 사람에게 딸을 시집보내기가 난처해서 망설이고 있을 때에 존경하는 선배이자 훌륭한 분의 자제이니 안심하고 시집보내라고 하셨다는 말씀을 들었다. 안방에 앉으니 곧 늦은 점심과 술이 나왔다. 추운 날씨인 데다 시장기도 있어서 점심을 먹었고, 술도 주시는 대로 마셨다. 그리고 오후부터는 서울 신랑을 보자며 동네 청년들이 몰려와서 늦게까지 술자리가 이어졌고 나는 대취하여 잠자리에 들었다. 동창이 훤히 밝아 깨어보니 낭자머리를 한 신부가 옆에 앉아 있었다.

그때부터 우리의 길고 긴 결혼생활이 시작되었다. 늦은 아침을 먹고 나룻배를 타고 이웃 섬에 계신 큰아버지 집으로 갔다.

신부는 가마를 탄 채 나룻배를 탔고 가마 속의 신부는 계속 울고 있었다. 큰아버지 집에서 이틀을 보내고 여객선을 타고 목포로 나와 고종사촌 매형댁에서 하루를 묵으며, 우선 그 무렵 서울에서는 젊은 여자에게서는 볼 수 없는 낭자머리를 자르고 파마머리를 하게 했다. 그러나 서울에서 이미 3년을 살아온 내 눈에는 신부가 촌스럽기 그지없었고, 체구도 왜소해서 모든 것이 여간 못마땅했다. 맏딸로서 아버지 없이 홀어머니를 모시고 새벽부터 들에 나가 열심히 일하는 드물게 보이는 효녀이며, 매우 얌전하다는 그곳 사람들의 말과 소문으로 들었던 나의 어리석음을 한탄했다.

나는 어떤 책에서 본 서양 격언이 있다. "아내는 눈으로 고르지 말고 귀로 골라야 한다"라는 것이다. 그 격언대로 한 번도 신부를 보지 않고 소문만 듣고 결혼을 했지만 이미 후회해도 어쩔 수 없는 일이었다. 서울에서의 신접살림은 내가 새로 시작한 과자 중간 도매상이 있는 안집이었다. 그 집에는 주인집과 다른 두 집이 세 들어 살고 있어 도합 네 집이 살고 있었다. 나는 까딱하면 '촌뜨기', '무식쟁이' 등의 비속어를 쏟아 내며 아내를 구박했다. 가끔은 무심코 방문을 열어보면 방안 구석에서 눈물을 훔치는 아내를 볼 때도 있었지만 애써 모른 척했다. 그로부터 결혼 2년 차에 아내가 첫아이를 임신했다. 배가 점점 불러오고 내색은 하지 않았으나 몹시 힘들어하는 것 같았다. 세탁기도 없던 시절이었다. 그러나 나는 계속 모른 척했고, 아내는 한 번도 불평을 하지 않고 점원들을 포함한 많은 식구들의 모든 것을 감당하고 있었다. 그러면서도 낮에 점원들이 배달 나가면 점포도 지켜야 했다.

그러던 어느 날 우연히 아내의 퉁퉁 부풀어 오른 발등을 보았다. 처음으로 아내에 대한 깊은 연민을 느꼈다. 나는 밖으로 나와 하늘을 보았다. 그날따라 하늘의 달이 유난히 밝았다. 나는 깊은 생각에 잠겼다. '저렇게 여리고 순진하며 착한 한 사람의 행복을 짓밟고 내가 과연 행복할 수 있을까' 하고 자문해 보았다. 그리고 다음 순간 자신의 부족함과 어리석음, 못남을 자각하지 못한 자신이 부끄럽고 후회스러웠다. 그날 이후 나는 아내에게 비속어를 써가며 구박하는 일은 없었다. 그리고 아내는 구박하지 않는 것만으로도 얼굴에는 생기가 돌았고, 집안의 모든 일에 더욱 열심히 힘을 쏟았다. 그 후로 나는 다른 사업을 일으켜 기사가 딸린 자가용도 가지게 되었으며 사남매의 자식들도 두게 되었다. 그러나 아내는 단 한 번의 자가용 외출도 없었다. 신혼여행은 생각해 보지도 않았으며 나의 못난 결벽증 때문에 무엇을 얻으러 왔나 의심할까 봐 처가에도 8년이 되던 해에 한 번 갔다 왔다.

나는 사업을 핑계로 동남아로 골프 여행도 했으나 아내와는 해외여행을 한 번도 하지 않았다. 그러나 아내는 사남매의 자식들을 위해 하루도 집을 비운 적이 없었으며 나에게도 단 한 번의 불평도 없이 끝없는 순종만을 보여 주었다. 그 무렵 우리 집은 시골 친척들의 정거장이고, 여인숙이었다. 서울에 처음 온 친척들, 특히 젊은 애들이 많았다. 그 중에는 폐결핵을 앓는 사람도 있었다. 나는 그냥 보낼 수 없어 병원에 데리고 가 진찰을 시키고 약을 사 먹이고 병이 나아서 6개월 만에 간 사람도 있었다. 그때마다 아내는 내 눈치를 살피며 차마 내치지 못했다.

그러던 중 나는 몇 번의 사업 실패로 많은 어려움을 겪었다. 갑자기 집으로 쳐들어온 채권자들의 갖은 욕설과 협박 등 수많은 힘한 일을 겪으면서도 아내는 나에게 한마디 원망도 푸념도 하지 않았다. 가끔은 이불을 뒤집어쓰고 소리 죽여 우는 아내의 모습을 본 적도 있다. 그럴 때마다 나는 모르는 척했다. 그 쓰라린 인고의 세월을 겪으면서도 아이들에게도 친척들에게도 다른 이웃들에게도 전혀 내색하지 않았다. 우리가 그렇게 어렵게 되자 친척들도 발길을 끊었다.

그럼에도 아내는 거짓말처럼 단 한 번도 그들에 대해 섭섭함을 나타낸 적이 없었다. 가끔 내가 아내에게 민망하여 어떤 말을 꺼내려 하면 그것만은 한사코 만류했다. 내 사업의 실패 여파로 출가한 딸에게 피해를 주었다. 봉급생활자에게는 힘든 부채였다. 우리 부부는 생활이 어려웠다. 그때부터 아내가 외손자의 양육을 맡고 장녀로부터 생활비를 받으며 생활했다. 우리 주거는 오래된 다세대 주택지하였다.

어느 해 여름비가 억수같이 쏟아졌다. 한밤중이었다. 잠결에 들으니 쫠쫠쫠 물 흐르는 소리가 들렸다. 좁은 부엌 겸 거실로 나가 불을 켜니 뒤쪽 베란다에서 하수구로 물이 역류하여 거실로 흘러넘치고 있었다. 급히 앞쪽 현관문을 열고 밖을 보니 그쪽 하수구는 물이 빠지고 있었다. 빗자루를 찾아 물을 현관 쪽으로 쓸어내렸다. 다행히 오래된 집이어서 문턱이 높아 방에는 물이 들어가지 않았다.

한참이 지나 아내가 잠에서 깨어 밖으로 나왔다. 그때 아내의 망연자실한 모습을 지금도 잊을 수가 없다. 그러나 이때도 눈물도 보이지 않고 원망도 푸념도 없었다. 그렇게 어언 십여 년의 세월이 흘러 다행히 장녀 내외가 맞벌이를 하여 나 때문에 진 은행빚도 갚고 저희는 조금 큰 전셋집으로 이사하고 우리 내외는 딸이 살던 조그만 서민 아파트로 이사했다. 낮에도 불을 켜야 했고, 더욱이 장마철에는 갖가지 벌레와 이상한 냄새가 나는 지하방에서 비록 내 집은 아니지만 아파트에서 살게 되니 아내의 흡족해하는 모습이 눈에 띄었다. 그리고 이사 왔으니 성당도 대방동성당으로 옮겼다. 아내는 성당에 나간 지 퍽 오래되었고 누구보다 독실하게 신앙생활을 했다. 이전에 나가던 신대방성당에서는 2012년에 아침 평소의 기도 외에 묵주기도 10단씩을 더하여 총 3,600단을 봉헌하고 성당 신부님으로부터 축복장을 받기도 했다. 아내는 외손자를 봐준 관계로 이곳 대방동성당 신자들을 많이 알고 있었다. 대방동성당에 나간 지 얼마 안 된 어느 날 아내와 내가 미사가 끝난 후 조금 늦게 나오는데 나이 많은 여신도들이 계단에 앉아 있다가 아내와 서로 반갑게 인사를 나누었다.

그런데 그 중의 한 분이 "형제님" 하고 나를 부르기에 "예" 하고 대답하고 인사를 했더니 아내를 가리키며 "우리가 이 자매님을 어떻게 부르는지 아세요?" 하고 물었다. 나는 무슨 뜻인지 몰라 어리둥절하고 있었다. 그리고 다음 순간 "천사님"이라고 부른다고 말하며, 이구동성으로 아내를 칭찬하고 있었다. 아내는 평소에도 이웃과 작은 일에도 낯을 붉히거나 다투는 일 없이 사이좋게 지낸다. 나는 감사의 인사를 하고 집으로 돌아왔다. 아무 말도 할 수가 없었다. 이 천사를 알아보지 못한 나의 어리석음과 이 보물을 아무렇게나 다룬 나의 무지가 새삼 부끄러웠다. 아내는 여느 때와 같이 쓸고 닦고 부지런히 집안일을 했다. 저녁을 먹으면서도 나는 아무 말도 할 수가 없었다. 내 방으로 가서 책을 읽었다. 읽다가 말고 여러 가지 상념에 잠겼다. 10시가 되어 거실에서 텔레비전 소리가 나지 않아 나가 보았다. 아내가 잠들었나 보다. 가만히 안방에 들어가 보니 새근새근 가는 숨소리를 내며 평화롭게 잠들어 있었다. 나는 그러한 아내의 얼굴을 한참 가만히 내려다보았다.

요즘의 우리는, 나는 아침 새벽에 운동을 나가고 아내는 언제나처럼 아침 기도를 시작으로 매일미사 책을 읽고 가톨릭 기도서를 한 시간에 걸쳐 읽는다. 아침 식사 후에는 공원에 나가 매일 걷기 운동을 하고 일주일에 한 번씩 하는 구역 성경 공부 모임에도 빠지지 않고 참석한다.

작년에는 성당에서 고3 수험생을 위한 백일기도를 시행했다. 아내는 외손자를 위해 참여했다. 나는 몇 번인가 아내를 따라가서 참여해 봤다. 마룻바닥에 앉아서 하다 보니 다리가 저리고 불편해 몇 번 하지 못했다. 다른 사람들도 이런저런 이유로 몇 번씩 빠지는 일이 있다고 했다. 그러나 아내는 유일하게 배탈이 나고 밥을 굶으면서도 단 하루도 빠짐없이 100일을 다 채웠다. 나는 마음속으로 감탄했다. 아내의 헌신은 우리 가족의 건강도 잘 지켜 주었다. 재래시장에 가서 신선한 야채를 사 와서 항상 정갈한 채식 위주의 식단으로 가족들을 보살폈다.

그래서 우리 가족은 비교적 건강하고, 특히 사남매는 병원에 가본 일이 별로 없고 약국에서 감기약을 사 먹는 정도였다. 그런데 잘들 자랐으며 고등교육도 받았다. 특별하지는 못하지만 다들 평범하고 상식적인 사회인으로 살아가고 있다. 이제 귀여운 손자 손녀들도 여덟이나 된다. 지금도 아내는 모든 집안일을 다 하며 내가 독서를 하고 있으면 소리가 나지 않게 조심조심하는 모습이 역력하다. 내 생일은 음력 십이월이며 아내의 생일은 음력 정월이다.

작년 내 생일날 자식들이 모인 자리에서 이제 내 생일을 생략하고 너희 엄마 생일로 합치자고 일렀다. 우리 가족의 오늘이 있기까지 오로지 아내의 더할 수 없이 지극한 헌신적이고 자기희생의 덕택임을 강조했다. 그리고 지금까지 아내에게서 일방적인 헌신만을 받아왔던 내가 가슴 저미는 이 회한을 조금이라도 씻는 길이기도 했다. 지금까지 아내 자랑만 너무 한 것 같아 쑥스럽다. 옛말에 아내 자랑은 못난 사내로 '팔불출'이라 했다. 그러나 이미 팔십을 훨씬 넘긴 이 나이에 아내를 위해서 '팔불출' 소리 좀 들으면 어떠랴…. 내년 정월이면 아내의 팔십 생일이 된다. 자식들, 손자들과 함께 조촐하지만 따뜻한 팔순 잔치를 해야겠다. 손자 손녀들의 재롱 섞인 생일 축하 노래를 들으며 그 선한 얼굴에 떠오르는 흐뭇하고 잔잔한 웃음을 보고 싶다.